Heidelore Kluge

Hildegard von Bingen
Die Heilkraft der Edelsteine

Hildegard von Bingen

Die Heilkraft der Edelsteine

Heidelore Kluge

MOEWIG

Hinweis: Die Anleitungen in diesem Buch sind sorgfältig recherchiert und geprüft worden. Dennoch ist jegliche Haftung für Personen-, Sach- und Vermögensschäden ausgeschlossen, soweit gesetzlich zulässig. Insbesondere handelt es sich bei den Ratschlägen und Empfehlungen dieses Buchs um unverbindliche Auskünfte gemäß § 676 BGB.

In allen medizinischen Fragen ist der Rat eines Arztes maßgeblich.

www.moewig.de

Printed in Germany
ISBN 10: 3-8118-1910-0
ISBN 13: 978-3-8118-1910-8

Inhalt

Hildegard von Bingen – ihre Schriften über Metalle und Edelsteine

SCHON immer faszinierten Steine und Metalle die Menschen – zum einen natürlich wegen ihrer Schönheit, zum anderen wegen ihrer heilkräftigen Wirkungen. Auch Hildegard von Bingen hat sich zeit ihres Lebens in ihren Forschungen sehr intensiv mit den Edelsteinen und Metallen und deren Wirkung auf den Menschen beschäftigt. Den Edelsteinen schreibt sie eine besondere Heilkraft zu, weil der Teufel diese Steine fürchtet und durch ihre Macht vertrieben werden kann. Hildegard sieht die Gründe für Erkrankungen nicht nur in physischen oder psychischen Ursachen, sondern auch in spirituellen Zusammenhängen.

In der *Scivias* schreibt sie:

> „Jeder Stein enthält Feuer und Feuchtigkeit. Die teuflische Schar schreckt vor kostbaren Steinen zurück und haßt und verschmäht sie, denn sie erinnert sich daran, daß ihr Glanz sich auch in ihnen zeigte, bevor sie aus der ihnen von Gott verliehenen Ehrenstellung (als Engel) hinabstürzten, und auch, weil verschiedene Edelsteine ihren Ursprung im Feuer haben, in dem die gefallenen Engel nun ihre Strafe gefunden haben. Denn durch den Willen Gottes wurde die teuflische Schar durch das Feuer besiegt und stürzte ins Feuer, wie sie auch durch das Feuer des Heiligen Geistes besiegt wird, wenn Menschen durch die Einhauchung des Heiligen Geistes ihrem Rachen entrissen werden."

Im 4. Buch ihrer *Physica* beschäftigt sich Hildegard ausführlich mit den Steinen, im 9. Buch mit den Metallen. In beiden Büchern beschreibt sie aus der Sicht ihrer Visionen deren Entstehung und ihren Zusammenhang mit dem Menschen im göttlichen Plan. Sie gibt zudem zahlreiche Hinweise, wie ein Mensch sich durch Edelsteine und Metalle vor Krankheiten und anderen Übeln schützen oder sich von ihnen befreien kann. Viele ihrer Rezepte erscheinen uns heute undurchführbar oder gar unbrauchbar – dabei darf man nicht vergessen, daß sie dem Wissensstand ihrer Zeit entsprachen, der zum großen Teil auf antiken Überlieferungen beruhte. Andererseits gibt es heute alternative Heilmethoden, die erfolgreich mit dem Einsatz von Steinen und Metallen arbeiten.

Ungelöste Rätsel

Hildegards *Buch von den Steinen* gibt den Forschern immer noch zahlreiche Rätsel auf. Sie sind sich allerdings darüber einig, daß verschiedene Stellen des Buches durch spätere Bearbeitung verfälscht worden sind, beispielsweise solche Passagen, die sich mit den magischen Wirkungen der Edelsteine beschäftigen. Immer wieder wird auch die Frage gestellt, ob nicht noch weitere Teile unecht und erst später hinzugefügt worden sind.

In diesem Zusammenhang ist es interessant, daß zu Lebzeiten von Hildegard von Bingen zwar der Glaube an die Heilkraft der Kräuter schon seit langem von großer Bedeutung war, die medizinische Verwendung der Edelsteine im deutschen Kulturbereich aber erst sehr viel später entdeckt wurde – nicht zuletzt aufgrund des Studiums antiker Quellen. Gerade in diesem Zusammenhang verwundert es, daß die gedruckte Erstausgabe der *Physica* zwar alle anderen acht naturwissenschaftlichen Bücher enthält, aber nicht das *Buch von den Steinen.* Besonders erstaunlich ist das deshalb, weil um diese Zeit (etwa ab 1500) Edelsteine eine besondere Rolle in der Heilkunde spielten.

Rätselhaft ist außerdem, daß Hildegard in ihrem medizinischen Werk *Causae et curae* eine Fülle von Rezepten aus dem Tier- und Pflanzenreich angibt, aber nicht ein einziges aus dem Reich der Mineralien.

Solange diese offenen Fragen nicht geklärt sind, kann Hildegards *Buch von den Steinen* im Rahmen ihrer *Physica* nicht als authentisch angesehen werden – was aber kein Hinderungsgrund dafür sein sollte, sich mit diesem besonderen Gebiet der Heilkunde zu befassen, die eine sehr alte Tradition aufweist und inzwischen zahlreiche moderne Entwicklungen erfahren hat. Ähnliches gilt auch für das *Buch von der Art der Metalle*, das den 9. Teil der *Physica* darstellt. Forscher sind sich ebenfalls nicht sicher, ob uns hierbei eine Originalschrift der Hildegard von Bingen oder ein später in ihrem Namen verfaßtes Manuskript vorliegt. Auf jeden Fall ist zu vermuten, daß auch im *Buch von der Art der Metalle* verschiedene Traditionen aus dem Mittelalter und der Renaissance miteinander vermischt dargestellt sind.

Die Welt der Edelsteine

WENN MAN bedenkt, daß unsere schönsten und kostbarsten Steine – wie beispielsweise der Diamant, der Rubin, der Saphir, der Smaragd und der Amethyst – aus so „einfachen" Grundelementen wie Kohlenstoff, Tonerde, Kieselsäure, Kalk und Magnesium entstanden sind, ist dies schon ein Wunder für sich. Deshalb ist es auch nicht erstaunlich, daß wegen ihres Glanzes und ihrer Seltenheit ihren Besitzern übernatürliche, ja geradezu göttliche Kräfte zugesprochen wurden. So heißt es schon in einem altägyptischen Hymnus an den Gott Osiris:

> „Du bist es, der Glieder von Gold, einen Kopf von Lapislazuli und eine Krone von Malachit hat."

Die einbalsamierten Leichname der Pharaonen wurden ebenfalls reich mit Edelsteinen geschmückt – was nicht nur ihre Gottähnlichkeit unterstrich, sondern auch zusammen mit der Einbalsamierung verhindern sollte, daß ihre Körper verwesten. Denn nur in einen unverwesten Körper konnte ihre Seele zurückkehren.

Auch wichtige ägyptische Amt- und Würdenträger trugen bei Ausübung ihres Amtes bestimmte Edelsteine. Wenn beispielsweise die Priester ihre heilkundlichen Fähigkeiten ausübten, schmückten sie sich mit einem Jaspis. Und zur Amtstracht der Richter gehörte ein Lapislazuli, in dem die Hieroglyphe für „Wahrheit" eingeschnitten bzw. eingeritzt war.

Der griechische Philosoph Aristoteles (384–322 v. Chr.) äußert sich insbesondere über den Diamanten, dessen Eigenschaften er offensichtlich gründlich erforscht hat. Interessant ist die Art und Weise, in der er in seinem Werk *Über die Steine* den Diamanten mit dem Gold in Zusammenhang bringt:

> „Die Natur des Diamanten ist im vierten Grad der Kälte und Trockenheit. Er besitzt zwei besondere Eigenschaften. Die eine davon ist, daß er mit keinem natürlichen Körper

zusammengebracht werden kann, ohne ihn zu zerdrücken und zu zerbrechen. Wenn er auf den Körper getan wird, spaltet er ihn. Auch hat kein einziger Stein Macht über ihn, diese hat nur Blei.

Die Farbe des Diamantsteins ist die Farbe des Salmiaks. Der Stein Diamant und das Gold lieben sich gegenseitig, und der Diamant bewegt sich rasch zum Golde hin. Wird der Diamant mit Hilfe des Bleis pulverisiert auf eine eiserne Spitze gebracht, so durchbohrt er alle Arten von Gestein und Steinen wie Perlen, Rubin, Saphir, Smaragd und andere."

Aus diesem Grund wurde der Diamant im Griechischen auch *adamas* – der Unbezwingliche – genannt.

Aber auch über den Türkis berichtet Aristoteles und macht eine Anmerkung über seinen psychotherapeutischen Wert für depressive Menschen:

„Dies ist ein grüner Stein, mit Blau gemischt, und in ihm ist etwas, das sich durch Schönheit des Anblickes auszeichnet. Es ist ein Stein, dessen Farbe mit der Reinheit der Luft rein ist und bei ihrer Trübung sich trübt. In seiner Substanz ist Weichheit. Wenn geschmolzenes Gold mit ihm zusammenkommt, so nimmt es ihm seine Schönheit. Seine Farbe erfreut den Sorgenbeladenen." (*Über die Steine*)

Edelsteine in der Bibel

Gerade im Zusammenhang mit der Edelsteinkunde der Hildegard von Bingen sind die biblischen Zitate, die sich sowohl im Alten wie im Neuen Testament reichlich finden, von Interesse. Im Buch Exodus (2. Buch Mose, 17–20) wird beispielsweise das rituelle Gewand des Hohenpriesters ausführlich beschrieben – nicht zuletzt die Edelsteine, mit denen es besetzt war: Sarder, Topas, Smaragd, Rubin, Saphir, Jaspis, Hyazinth, Diamant, Achat, Amethyst, Chrysolith, Karneol, Opal und Onyx als Symbole für die zwölf Stämme Israels.

Und der Prophet Hesekiel beschreibt eine seiner Visionen folgendermaßen:

> „Du weiltest im Eden, im Gottesgarten. Lauter Edelsteine waren dein Kleid: Karneol, Topas und Jaspis, Chrysolith, Beryll und Onyx, Saphir, Rubin und Smaragd. Deine Fassung und deine Verzierung waren aus Gold. Sie wurden erschaffen am Tag, da du erschaffen warst. Du warst auf dem heiligen Gottesberg und ergingst dich inmitten feuriger Steine." (Hesekiel 28, 13–15)

Auch für den Propheten Jesaja spielen Edelsteine eine wichtige Rolle:

> „Siehe, ich bette deine Steine in Bleiglanz und gründe dich aus Saphiren. Ich baue deine Zinnen aus Rubinen, deine Tore aus Karfunkelstein und deine Umfriedung aus Edelgestein." (Jesaja 54, 11 und 12)

Tobias beschreibt seine Vision von der Stadt Gottes so:

> „Jerusalems Tore sind aus Saphir gefügt und Smaragd, aus edlem Gestein alle seine Mauern ringsum." (Tobias 13, 20)

Dies ist nur eine kleine Auswahl von Zeugnissen aus dem Alten Testament, die sich auf die Edelsteine beziehen. Für Hildegard von Bingen am wesentlichsten aber ist die Offenbarung des Johannes im Neuen Testament, aus der sie die dort genannten zwölf Steine übernimmt – allerdings in einer anderen Reihenfolge – und sie durch einige weitere ergänzt:

> „Die Mauer war aus Jaspis und die Stadt selbst aus lauterem Gold so rein wie Glas. Die Grundmauern waren mit allerlei Edelsteinen geziert: Der erste Grundstein war ein Jaspis, der zweite ein Saphir, der dritte ein Chalzedon, der vierte ein Smaragd, der fünfte ein Sardonyx, der sechste ein Sardis, der siebte ein Chrysolith, der achte ein Beryll, der neunte ein Topas, der zehnte ein Chrysopras, der elfte ein Hyazinth, der zwölfte ein Amethyst. Die zwölf Tore waren zwölf Perlen, jedes Tor war eine Perle. Die Straßen der Stadt waren reines Gold wie durchsichtiges Glas." (Offenbarung 21, 18–21)

Die Wertschätzung, die edle Steine in der Bibel finden, hat nicht nur etwas mit ihrer Kostbarkeit und Seltenheit zu tun. Jedem Stein sind auch bestimmte Eigenschaften zugeordnet, die ihn mit seinem göttlichen Ursprung verbinden. Es geht in der Vision des Johannes – wie auch in den anderen biblischen Äußerungen über die Edelsteine – weniger um eine äußerliche Prachtentfaltung als vielmehr um den spirituellen Glanz des göttlichen Wesens, der sich in ihnen manifestiert und so auch für das menschliche Auge sichtbar wird. Dieser Gesichtspunkt steht auch für Hildegard im Vordergrund. Zu Beginn dieses Buches wurde sie bereits zitiert im Zusammenhang damit, welche Bedeutung sie den Edelsteinen im Kampf gegen die teuflischen Mächte beimißt.

Die Entstehung der Edelsteine – aus der Sicht Hildegards von Bingen

In der Einleitung zu ihrem *Buch von den Steinen* beschreibt Hildegard von Bingen auch, wie sie sich die Entstehung der Edelsteine vorstellt:

> „Die Edelsteine und Juwelen entstehen in der Gegend des Orients und in jenen Gegenden, wo allzugroße Hitze der Sonne herrscht. Denn die Berge jener Gegenden haben durch die Sonnenhitze eine große Hitze wie Feuer. Auch die Flüsse, die in jenen Landstrichen fließen, sieden beständig durch die allzugroße Hitze der Sonne." (*Physica*)

Wenn es zu Überschwemmungen komme – so fährt Hildegard fort – berührten sich die siedenden Wassermassen und die heißen Berge. Dabei entstünde dann eine Art Schaum, der wie „Glitten" an den feurigen Steinen hängenbleibe und nach einigen Tagen selbst zu einem Stein erhärte. Weiterhin beschreibt sie den Entstehungsprozeß:

> „Wenn dann die Überschwemmung aufhört, so daß die Wasser wieder in ihr Flußbett zurückkehren, dann wird der Schaum ausgetrocknet, der an verschiedenen Stellen den

Bergen anhaftete. Dies geschieht durch die Sonnenwärme, gemäß den verschiedenen Stunden des Tages und gemäß der verschiedenen Wärme jener Stunden. Daher erhalten auch die Steine gemäß der unterschiedlichen Wärme ihre Farben und ihre Kräfte." (*Physica*)

Durch die Austrocknung erhärten sich die Edelsteine, lösen sich an vielen Stellen wie Schuppen und fallen in den Sand. Bei weiteren Überschwemmungen werden sie wieder von den Flüssen aufgenommen und zum Teil in andere Gegenden geschwemmt, wo sie dann von den Menschen gefunden werden.

Die Erweckung des Guten im Menschen

Am wichtigsten sind für Hildegard von Bingen die Eigenschaften der Edelsteine, die den Menschen in seiner moralischen Entwicklung unterstützen können. Da sie aus Feuer und Wasser entstanden sind, tragen sie auch die Eigenschaften dieser beiden Naturelemente in sich. Diese können vielfältig eingesetzt werden, allerdings nur für solche Aufgaben, die „gut und ehrbar und dem Menschen nützlich sind, nicht aber Werke der Verführung, Unzucht, des Ehebruchs, der Feindschaft, des Mords und ähnliches, was zum Laster hinstrebt und was dem Menschen entgegengesetzt ist". (*Physica*)

Es sei – so Hildegard – in der Natur des Edelsteins durch göttlichen Willen angelegt, daß er nur das Gute fördere und das Böse verschmähe. Mit dem Glanz der Edelsteine habe Gott die Engel geschmückt. Luzifer wurde dadurch überheblich und wollte Gott gleich werden, was zu seinem Sturz in die Hölle führte. Die Edelsteine aber vernichtete Gott nicht, denn:

> „Wie Gott den Adam zu einer besseren Beziehung wiedergewann, so ließ Gott weder die Schönheit noch die Kraft dieser Edelsteine zugrunde gehen, sondern er wollte, daß sie auf der Erde seien zu Ehre und Segnung und für die Heilkunst." (*Physica*)

Magie und Heilkunst

Zu allen Zeiten waren Magie und Heilkunst eng miteinander verknüpft. Die Priester waren in vielen Kulturen zugleich auch Ärzte und Magier – was ja in verschiedenen südamerikanischen, afrikanischen und asiatischen Kulturen heute noch der Fall ist. Die Schönheit und Seltenheit der Edelsteine forderte fast zwingend dazu heraus, sie auch für magische Zwecke zu verwenden.

So erwähnt der römische Verfasser zahlreicher naturwissenschaftlicher Werke Plinius (23–29) in seiner *Naturalis historia* neben dem Mondstein, der nach seinen Worten einer menschlichen Zunge gleiche, den Chelonit, den „Schildkrötenstein" der alten Inder. Legt man sich einen dieser Steine unter die Zunge, könne man in die Zukunft blicken. Dagegen galt in der Türkei in früheren Jahrhunderten der Türkis als Stein der Hellseher und Wahrsager.

Auch gegen Gefahren aller Art sollten die magischen Eigenschaften der Edelsteine schützen. Die Kreuzfahrer des Mittelalters glaubten, daß ein Turmalin sie unverwundbar mache. Diese Qualität wurde später auch dem Aquamarin zugeschrieben.

Große Bedeutung hatten Edelsteine auch in der Liebe, woran sich im Grunde bis heute nichts geändert hat – wenn man auch über die magischen Hintergründe in unseren Zeiten kaum noch etwas weiß. Im Mittelalter wurde vor allem der Mondstein zum Liebeszauber verwendet und sollte den geliebten Menschen dazu bringen, die eigene Neigung zu erwidern. Im alten China war es der Turmalin, der die Liebe zwischen zwei Menschen beschützte.

Man schrieb den Edelsteinen eine leuchtende Seele zu und brachte sie deshalb in der Astrologie auch mit den Planeten und den einzelnen Tierkreiszeichen in Verbindung. Auch heute tragen viele Menschen wieder gerne Schmuck mit ihren „Monatssteinen“ und betrachten diese als glückbringende Talismane.

Die Planeten und ihre Edelsteine:

Mars:	Rubin
Venus:	Achat
Merkur:	Topas
Mond:	Smaragd
Sonne:	Diamant
Jupiter:	Saphir
Saturn:	Onyx
Uranus:	Aquamarin
Neptun:	Chrysolith

Die Tierkreiszeichen und ihre Edelsteine

Widder (21.3.–20.4.):
Rubin, Diamant, Amethyst

Stier (21.4.–20.5.):
Saphir, Karneol, Achat, Smaragd

Zwillinge (21.5.–21.6.):
Topas, Bergkristall, Beryll, Aquamarin

Krebs (22.6.–22.7.):
Smaragd, Opal, Perle

Löwe (23.7.–23.8.):
Diamant, Rubin, Topas

Jungfrau (24.8.–23.9.):
Topas, Jaspis, Karneol, Hyazinth

Waage (24.9.–23.10.):
Topas, Opal, Beryll

Skorpion (24.10.–22.11.):
Karneol, Sardonyx, Topas

Schütze (23.11.–21.12.):
Saphir, Chalzedon, Topas, Amethyst

Steinbock (22.12.–20.1.):
Onyx, Chrysopras, Chalzedon

Wassermann (21.1.–19.2.):
Amethyst, Chalzedon, Saphir

Fische (20.2.–20.3.):
Topas, Saphir, Chrysolith

Erstaunlich ist es, daß die Kirche die Edelsteinmystik nicht verdammte, sondern sogar in einem Buch des Jesuitenpaters Philipp Schmidt eine Weiheformel für Edelsteine für das Epiphaniasfest (Dreikönigsfest, 6. Januar) empfiehlt, in der Bezug genommen wird auf die biblischen Quellen – beispielsweise über die Gestaltung der Gewänder der Hohenpriester und auf die Vision des Evangelisten Johannes über das himmlische Jerusalem. Darin heißt es:

> „Wir bitten Deine Majestät demütig, daß Du diese Steine weihen und segnen mögest durch die Heiligkeit und Anrufung Deines heiligen Namens, damit sie, so geheiligt und geweiht, die wirksamen Kräfte erlangen, die ihnen nach der Erfahrung weiser Männer innewohnen. Mögen alle, die sie bei sich tragen, durch sie Deinen mächtigen Schutz und Deine Gnade erlangen durch Jesum Christum, Deinen Sohn, der die Quelle aller Heiligkeit ist."

In frühchristlicher Zeit sah die Beurteilung der Edelsteinmystik allerdings noch ganz anders aus. Der Kirchenschriftsteller Tertullian (160–220) beispielsweise läßt seinem Zorn über die Edelsteine freien Lauf:

„Jene kleinen Steinchen, die ihren Prunk mit dem des Goldes verbinden – wofür sonst soll ich sie erklären als für Brocken, Kieselchen, kleine Klümpchen der gleichen erdigen Substanz, ohne daß sie freilich dazu taugen, Fundamente zu festigen, Wände zu bauen, Dächer zu tragen?“

Schmuckstücke dieser Art befriedigten lediglich die Prunksucht „gewisser Dämchen“, so meint er.

Im Laufe der Jahrhunderte fand die Kirche allerdings einen Kompromiß, der den „heidnischen“ Aberglauben durch einen christlichen Ersatz ablöste. Reliquien und Heiligenbilder wurden mit kostbaren Steinen geschmückt, ebenso die Geräte für die Heilige Messe. Und so kam es schließlich dazu, daß auch bestimmte persönliche Schmuckstücke kirchlich geweiht wurden und als christliche Schutzmittel getragen werden durften.

Die Farben der Edelsteine

Weiß

Wissenschaftlich gesehen ist Weiß gar keine Farbe, sondern eher eine Nicht-Farbe. In unserem Kulturbereich galt sie von jeher als Farbe der Unschuld. Deshalb tragen beispielsweise Täuflinge, Kommunionskinder und Bräute weiße Kleidung. In Teilen Chinas dagegen war Weiß die bevorzugte Farbe der Trauer. Auch in unserem Kulturkreis werden bei Beerdigungen vorwiegend weiße Blumen zur Dekoration verwendet.

Im christlichen Glauben steht Weiß für Freude und Einheit. So werden auch die Engel vorwiegend in weißen Gewändern dargestellt – besonders jene Engel, die eine göttliche Botschaft zu überbringen haben, beispielsweise der Erzengel Gabriel aus der Verkündigung Mariens oder der Auferstehungsengel. Als liturgische Farbe erscheint in der katholischen Kirche die Farbe Weiß in den Priestergewändern an kirchlichen Freudentagen. Auch der Papst trägt Weiß.

Weiß (in vielen Fällen die Durchsichtigkeit) findet sich bei folgenden Edelsteinen: Diamant, Bergkristall, bei den Perlen und teilweise auch beim Opal.

Gelb

Das Gelb ist die Farbe der Sonne und des Goldes. In China galt es als heilige Farbe. Die Buddhisten sehen sie als Farbe der Wunschlosigkeit und Demut an, und Mönche und Nonnen tragen gelbe Gewänder als Zeichen ihres Strebens nach Erleuchtung.
Auch in der christlichen Symbolik spielt das Gelb eine zentrale Rolle – etwa bei den Engeln, vor allem bei dem Erzengel Gabriel. Hier verdeutlicht Gelb den schimmernden Schein der Sonnenstrahlen des Geistes, die als Weisheit den Engel berühren. Gelb und Weiß sind auch die Farben des Papstes und – anders angeordnet – des Vatikans.
Gelb findet sich in folgenden Edelsteinen: Topas und gelber Jaspis.

Rot

Schon immer galt Rot als Farbe der Liebe, aber auch als Farbe des Blutes, des Feuers und des Zorns. Aber es ist auch das Zeichen der Pracht und Herrschaft, vor allem das Purpurrot. Es begegnet uns in den Portieren der Festsäle und Paläste sowie bei den roten Teppichen, die zu festlichen Empfängen ausgerollt werden.
In der christlichen Kirche steht Rot für Grausamkeit, Märtyrertum und Begierde. Es wird an den Festen der Märtyrer getragen, die einst für den Glauben Blut und Leben opferten. In diesem Zusammenhang sollte auch das Kardinalrot genannt werden, das bei der Verleihung der Kardinalswürde ausdrücklich als Märtyrerfarbe bezeichnet wird, obwohl es als Purpur auch eine herrscherliche, der Leidensbereitschaft entgegengesetzte Symbolik beinhaltet. Am Pfingstfest werden -in Analogie zur

Herabsenkung des Heiligen Geistes auf die in Jerusalem versammelten Jünger – rote Meßgewänder getragen.

Rot findet sich in folgenden Edelsteinen: Rubin, Karneol und roter Jaspis.

Grün

Das Grün ist die Farbe der Natur, deren Grünkraft (*viriditas*) Hildegard so hoch einschätzte. Es gilt außerdem als Farbe der Hoffnung.
Für Johann Wolfgang von Goethe stellte die grüne Farbe den Mittelpunkt seiner Farbenlehre dar, und er schrieb über sie: „Unser Auge findet in derselben eine reale Befriedigung.“ Er betonte auch ihre statische, ruhende Bedeutung: „Man kann nicht weiter und man will nicht weiter.“
Die christliche Symbolik kennt ebenfalls das Grün. So erinnert am Palmsonntag der Palmzweig an jenen Tag, als Jesus in Jerusalem einzog und ihm Palmwedel auf die Straße gestreut wurden. Am Gründonnerstag wird noch heute an vielen Orten junges Grün auf den Tisch gebracht – Spinat oder die ersten Kräuter, etwa in Form der Gründonnerstagssuppe. Dabei vermischt sich die christliche mit der vorchristlichen Symbolik.

Grün findet sich in folgenden Edelsteinen: Smaragd, Beryll, Chrysolith, Chrysopras und in manchen Opalen.

Blau

Blau ist nicht nur die Farbe des Himmels, sie gilt auch als Symbolfarbe der Treue. In der Romantik suchten die Dichter nach der „blauen Blume“. Goethe bescheinigt dieser Farbe eine „unruhige, weiche sehnende Empfindung“. Die Farbe Blau sei „in ihrer höchsten Reinheit gleichsam ein reizendes Nichts“. Vor allem in katholischen Ländern bezeichnet Blau als Farbe der Jungfrau Maria das Reine und Keusche. So trägt sie auf

Bildern und Plastiken nicht nur einen blauen Mantel, sondern häufig auch einen blauen Saphir als bevorzugten Schmuckstein. Die Cherubim, die nicht nur Engel der Weisheit sind, sondern auch das heranwachsende Kind beschützen, tragen ebenfalls blaue Gewänder. In der mittelalterlichen Sakralkunst steht die Farbe Blau für das schöpferische Hineinwirken Gottes in die irdische Welt, das besonders in der Kindheit zu spüren ist.

Blau findet sich im Saphir.

Violett

Das Violett ist die Farbe der – vor allem geistlichen – Würdenträger. In manchen Ländern ist es auch die offizielle Trauerfarbe, beispielsweise in Teilen der Türkei und Chinas. Goethe wurde durch diese Farbe an den Weltuntergang erinnert.
Liturgisch ist das Violett die Farbe des Advents und der Fastenzeit, also des schweigenden In-sich-Gehens und der Vorbereitung auf kommende Dinge. Beim 2. Vatikanischen Konzil wurde für Beerdigungen und Trauergottesdienste das finstere Schwarz durch Violett bei Stola und Meßgewand ersetzt – eine Farbe, die zum Überdenken von Tod und Vergänglichkeit, rotfarbiger Lebenslust und blauentrücktem Jenseits anregt. Wenn Bischöfe Violett tragen, soll damit angedeutet werden, daß sie zur Betreuung des Ewigen im Menschen während seiner gefährdeten Erdenlaufbahn bestellt sind.

Violett findet sich im Amethyst.

Braun

Wie das Grau ist die Farbe Braun eher „gesichtslos“. Es gibt kaum Redensarten, in denen sie vorkommt. Dabei ist das Braun als Farbe der Erde bereits in frühen Kulturen häufig verwendet worden. Es kann einerseits Absage an die Welt bedeuten, wie beispielsweise in den Mönchskutten der Franziskaner.

Andererseits ist es aber auch die Farbe der Erde und alles Nahrhaften: Brot, Kuchen, Schokolade, Tee, Kaffee, Bier und Braten.

Braun findet sich im Jaspis und teilweise auch im Achat.

Schwarz

Schwarz ist die Farbe der Trauer, aber auch der Unterwelt und des Geheimnisvollen, der Nacht und des Todes. Deshalb auch wird in westlichen Ländern Schwarz als Trauerfarbe getragen. Ursprünglich allerdings hatte diese Farbe nichts mit Andacht, dem Gedenken an einen Toten oder dem Wunsch, die Trauer auch äußerlich zu zeigen, zu tun. Im Gegenteil: In vorchristlicher Zeit war die schwarze Trauerkleidung ein Ausdruck der Furcht, und der Brauch entstand nicht aus Achtung, sondern aus Furcht vor den Toten. Mit ihren schwarzen Gewändern wollten sich die Menschen verkleiden, damit sie nicht vom Geist des Toten erkannt wurden, der sie sonst verfolgen könnte. Während in der hebräischen Tradition der Kabbala Schwarz für Gnade und Verständnis steht, symbolisiert diese Farbe in der christlichen Kirche den Tod und die Dunkelheit. Gerade die katholische Kirche kennt in ihren liturgischen Gewändern viele Farben – aber im Alltag tragen auch die Priester Schwarz, ebenso wie die evangelischen Pastoren. Der Mystiker Jakob Böhme (1575–1624) meinte, die Farbe Schwarz gehöre „nicht in die Zahl der Farben. Sie ist Mysterium und unverstanden".

Schwarz findet sich in folgenden Edelsteinen: Onyx, Magnetit und im schwarzen Opal.

Edelsteine – ein wirtschaftlicher Machtfaktor

Durch ihren hohen Wert waren und sind viele Edelsteine aber auch ein Macht- und nicht selten ein politisches Mittel. Wenn man bedenkt, welche Unmengen von Diamanten beispielswei-

se in südafrikanischen oder russischen Minen gefördert werden, leuchtet dies durchaus ein. Die im australischen Busch geschürften Opale stellten noch bis in jüngste Zeit ebenfalls einen wichtigen Wirtschaftsfaktor dar. Inzwischen sind sie allerdings rar geworden, die Minen scheinen erschöpft zu sein.
Viele Steine – vor allem der Diamant – erhalten ihren Wert nicht nur durch ihre Schönheit, sondern auch durch ihre Härte. Ohne den Einsatz von Industriediamanten wäre bis vor kurzem die Herstellung von hochfeinen Präzisionsinstrumenten, wie sie beispielsweise für die Raumfahrttechnik notwendig sind, nicht denkbar gewesen.

Edelsteinmedizin heute

Auch in der heutigen Medizin findet sich wieder ein Ansatz zur Behandlung mit Edelsteinen: die Edelsteintherapie. Von den Schulmedizinern wird die Edelsteintherapie skeptisch betrachtet oder abgelehnt – und doch beschäftigen sich viele Menschen damit, und zwar nicht nur Laien, sondern auch Therapeuten.
Die Theorien hängen oft mit „Außenseiter"-Wissenschaften (z. B. Astrologie), mit Weltanschauungen (z. B. Theosophie) und dem Wissen alter Völker (z. B. Ayurveda-Medizin) zusammen, aber auch mit psychologischen Erkenntnissen.
Eine der Erklärungen, warum die Edelstein-Therapie so wirksam ist, beruht auf der Erkenntnis, daß im Menschen wie im Stein Schwingungen vorhanden sind und deshalb die Steine auf den Menschen und seinen Körper einwirken können. Um Krankheiten wirksam zu heilen, müssen es die richtigen Schwingungen des richtigen Steines sein.

Eine Heilkraft sprechen die Edelsteintherapeuten allen edlen Steinen zu. Manche halten den Bergkristall für den Träger ganz besonderer Kräfte, doch ebenso werden die anderen Steine und Kristalle für die Gesundheit des Menschen eingesetzt. Den ein-

zelnen Edelsteinen werden ganz unterschiedliche Heilwirkungen zugeschrieben. Wichtig ist – und das betonen auch die Edelstein-Therapeuten –, daß man sich nicht ausschließlich auf die Heilung durch Edelsteine verläßt. Diese Therapie kann lediglich eine Ergänzung zur ärztlichen Behandlung sein!
Um Edelsteine zur Heilung und gegen Schmerzen einzusetzen, werden mehrere Methoden empfohlen – man kann mit einem Partner (Edelsteinmassage) oder einem Therapeuten (Heilungsvermittlung) arbeiten, in der Gruppe oder allein (Edelsteinmeditation). Es gibt auch Rezepte, mit Edelsteinen Heilwasser und aus Edelsteinen Pulver herzustellen. Man kann den/die Steine außerdem

- kürzere Zeit auf die gefährdete Körperstelle legen (Herz, Leber, Magen usw.);
- mehrere Steine über den ganzen Körper verteilen oder
- den Stein längere Zeit über dem kranken Organ am Körper tragen (als Kette, Ring oder Armband).

Viele Experten raten, den Stein vorher in kaltem Wasser zu waschen.
Edelsteine erhalten Sie in Fachgeschäften, Mineralienläden oder beim Juwelier. Kaufen Sie nur in seriösen Geschäften und fragen Sie in jedem Fall nach natürlich gewachsenen, unbehandelten Steinen!

So entstanden die Edelsteine

Wenn Hildegard von Bingen die Entstehung der Edelsteine durch große Hitze in den Gesteinen und Gewässern und anschließende Sedimentierung (Ablagerung) beschreibt, kommt sie den neuesten geologischen Erkenntnissen sehr nahe. Dort unterscheidet man nämlich für die Enstehung der Mineralien und Gesteine drei große Entwicklungsabfolgen: die magmatische, die sedimentäre und die metamorphe.

Bei der magmatischen Entwicklung entstanden Mineralien und Edelsteine aus den geschmolzenen Teilen der Erdkruste, also aus dem Magma. Dieses entsteht durch Vulkanausbrüche, bei denen aus dem Erdinnern eine gewaltige Hitze nach oben gedrängt wird und so die Erdkruste zum Schmelzen bringt. Zu den auf diese Art entstandenen Edelsteinen gehören beispielsweise Aquamarin, Topas, Chrysoberyll, Bergkristall und Achat.

Die sedimentäre Entwicklung umfaßt alle Mineralien und Gesteine, die an der Erdoberfläche durch Verwitterung, Abtragung und erneute Ablagerung entstanden sind. Dazu gehören beispielsweise Malachit und Türkis.

Bei der metamorphen Entwicklungsabfolge entstehen infolge des hohen Drucks, des Temperaturanstiegs in tieferen Erdbereichen und der Bewegung von Gesteinsschichten durch die Umbildung und Neubildung von Mineralien ebenfalls Edelsteine. Am bekanntesten für diese Art der Entstehung ist wohl der Diamant.

Die Edelsteine der Hildegard von Bingen

Wie bereits erwähnt wurde, beschreibt Hildegard von Bingen zwar alle in der Offenbarung des Johannes genannten Edelsteine, allerdings nicht in der dort verwendeten Reihenfolge. Im ersten Teil hält sie sich vielmehr in der Abfolge an die jeweilige Tageszeit, in der die Edelsteine „wachsen“ (Smaragd bis Chrysopras). Außerdem fügt sie noch verschiedene Steine sowie auch Perlen hinzu. Das vorliegende Buch hält sich an die von Hildegard in ihrer *Physica* vorgegebene Abfolge.

Eine wichtige Anmerkung zum Tragen von Edelsteinen:
Edelsteine sollten ständig am Körper getragen werden, am besten an einer Kette oder an einem Band. Vorsicht ist allerdings bei kleinen Kindern geboten, bei denen Halsketten leicht le-

bensgefährlich werden können. Geben Sie den Edelstein lieber in ein kleines Säckchen und schieben Sie ihn in das Kopfkissen, so daß er für das Kleinkind unerreichbar ist.

Smaragd

Der Smaragd ist ein Beryllium-Tonerde-Silikat und gehört zur Mineralgruppe der Berylle. Unter diesen ist er der wertvollste Stein und kommt an Wert dem Diamanten und dem Rubin gleich. Er ist von grüner Farbe und durchsichtig. Der Name stammt aus dem Griechischen – dort bedeutet *smaragdos* grün. Man findet Smaragde in Kolumbien – dort befinden sich die bedeutendsten Vorkommen –, im Ural, in Südafrika und in Indien.

Es waren Smaragde, die unter anderen Steinen den sagenhaften Reichtum der ägyptischen Pharaonen mitbegründeten. Schon 2000 Jahre v. Chr. wurden sie in der Nähe des Roten Meeres in großen Schachtanlagen gewonnen. Auch Königin Kleopatra (69–30 v. Chr.) besaß Smaragdgruben in Oberägypten, die heute allerdings nur noch von historischem Interesse sind. Die Ägypter maßen diesem Stein besonders wirksame magische Kräfte für den Liebeszauber bei. In Peru wurde ein straußeneigroßer Smaragd als Gottheit verehrt. Die Inkas schnitten aus Smaragden die Antlitze ihrer Götter. Aus ihren Schatzhäusern gelangten große Mengen dieser Edelsteine als Beute der spanischen Eroberer nach Europa.

Der römische Schriftsteller Plinius schätzte in seiner *Naturalis historia* besonders die Farbe des Steines. Er schrieb: „Nichts grünt grüner als der Smaragd.“ Er empfahl ihn gegen Naturkatastrophen aller Art. Besonders wirksam sollte dieser Stein Hagel- und Blitzschlag abwehren, wenn man aus ihm einen Adler oder Käfer schnitt. Allerdings kam Plinius selbst bei einem Vulkanausbruch ums Leben.

Bartholomeus Anglicus (1190–1250), ein englischer Franziskaner, schreibt über den Smaragd:

> „Seine Farbe ist grün wie der kühle Grund des Meeres bei strahlendem Himmel und sonnigem Wetter. Er ist einer der besten unter den edlen Steinen und der würdigste, eine königliche Hand zu zieren." (*De propriatatibus rerum*)

Der Smaragd galt noch bis ins 19. Jahrhundert als Glücksbringer für werdende Mütter. Außerdem wurde er als wirksamer Talisman für Seeleute und als Schutzstein gegen den „bösen Blick" angesehen. Übrigens trug der Komponist Johann Sebastian Bach (1665–1750) zu Hause eine Kette aus Smaragden, und Johann Wolfgang von Goethes (1749–1832) Lieblingsstein war auch ein Smaragd.

Außerdem sollten durch den Smaragd verschiedene Krankheiten geheilt werden. So glaubte man, daß er die Sehkraft stärke – der römische Kaiser Nero (37–68) jedenfalls trug ein Smaragdmonokel. Von Smaragdpulver glaubte man, daß es Durchfall beseitige. Ein Smaragdring wurde gegen Epilepsie am Finger getragen, sollte gelegentlich aber auch Haarausfall verursachen. Smaragde wurden des weiteren gegen Angstgefühle, Hämorrhoiden, Kopfschmerzen, Schlaflosigkeit, Verstopfung und Vergeßlichkeit verwendet.

Hildegard von Bingen mißt dem Smaragd schon deshalb eine starke Heilkraft zu, weil er von grüner Farbe ist. Der Grünkraft (*viriditas*) der Natur wohnen ihrer Meinung nach besonders heilsame Eigenschaften inne, die sie auch in anderem Zusammenhang immer wieder rühmt. So beschreibt sie die Entstehung des Smaragds in ihrer *Physica* folgendermaßen:

> „Der Smaragd wächst früh am Tag bei Sonnenaufgang, wenn die Sonne an Kraft gewinnt, um ihre Umlaufbahn zu beginnen. Zu dieser Zeit ist die Grünkraft der Erde und ih-

rer Pflanzen besonders frisch, denn die Luft ist noch kühl und die Sonne warm. Dann saugen die Pflanzen die Grünkraft so begierig in sich auf wie ein Lamm die Milch, und die Tageswärme reicht kaum aus, die Grünkraft dieses Tages zu erwärmen und zu nähren, damit sie fruchtbar wird und Früchte hervorbringen kann. Deshalb wirkt der Smaragd gegen alle Schwächen und Krankheiten des Menschen, weil ihn die Sonne aufbereitet und weil er ganz von der Grünkraft der frischen Luft durchsetzt ist.“

Hildegard von Bingen empfiehlt den Smaragd vor allem bei Epilepsie (Fallsucht), Geschwüren, Herzbeschwerden, Kopfschmerzen, Magenleiden.

Hyazinth

Der Hyazinth ist ein Zirkonerdesilikat und gehört zur Mineralgruppe der Zirkone, weshalb er auch roter Zirkon genannt wird. Seinen Eigenschaften nach steht er dem Diamanten sehr nahe, denn er hat eine Härte von 7,5 (Diamant: 10). Die Griechen nannten diesen Stein *jacinth*, die Araber *zarquin* (zinnoberrot), die Perser *zargun* (der Goldene). Er ist von brauner bis braunroter Farbe und durchsichtig. Die wichtigsten Fundorte des Hyazinths sind Hinterindien, Thailand, Indochina, Sri Lanka, Kambodscha und Australien.

Beim Erhitzen unter Sauerstoffzufuhr werden die Hyazinthe farblos. Durch Brennen mit Wasserstoff oder Kohlenoxyd nehmen sie eine schöne blaue Farbe an. Diese Kunst des Zirkonbrennens wird in Thailand seit Jahrhunderten auf primitiven Holzkohleöfen durchgeführt. Bessere Ergebnisse erzielt man in elektrischen Öfen bei Temperaturen zwischen 800 und 900 Grad Celsius. Es ist interessant, daß auch bei ungefärbten Hyazinthen die Farben unbeständig sind. So kann es durch die Einwirkung des Sonnenlichtes – möglicherweise sogar bei Wetterwechsel – zu deutlichen Farbveränderungen kommen.

Der arabische Arzt Avicenna (980–1037) schätzte neben dem Lapislazuli vor allem den Hyazinth als herzstärkenden Heilstein. Er empfahl ihn auch als Schutzstein gegen die Pest.
In vielen Rezepten – vor allem des 16. Jahrhunderts – ist fein zerriebenes Hyazinthpulver ein wichtiger Bestandteil. Die berühmte „Species de hyacintho“ beispielsweise enthielt neben dem zerriebenen Edelstein unter anderem auch rote Korallen, Safran, Myrrhe, Sandelholz, gebranntes Hirschhorn, Elfenbein, Saphir, Smaragd, Topas, Perlen, Rohseide, Blattgold und Blattsilber – alles in Limonensirup angerührt. Ein so unerschwinglich teures Mittel konnten sich natürlich nur die Reichsten leisten. Ob es jemals eine Wirkung zeigte, ist nicht bekannt.

Der Dichter Theodor Körner (1791–1813) nennt den Hyazinth einen Freundschaftsstein und beschreibt ihn in seinem Gedichtzyklus über *Die Monatssteine* folgendermaßen:

„Im Januar
Beginnt das Jahr
So kalt und klar,
Aller Freuden bar;
Drum hat ihm die Natur tiefglühend Leben
Im Hyazinthe beigegeben,
Der das Auge mit Flammenrot begrüßt
Und tiefes Wirken in sich schließt.
Er wärmt das Herz
Bei kaltem Schmerz,
Besiegelt die Freundschaft
Mit fröhlicher Lust
Und treibt die Feindschaft
Aus tiefer Brust.
Du sollst ihn tragen als heilge Last
Am Halse, im reinsten Gold gefaßt.“

Hildegard von Bingen schätzt den Hyazinth wegen seiner Wärme, die daher rührt, daß er aus dem Feuer entstanden ist:

> „Der Hyazinth entsteht in der ersten Stunde des Tages, wenn die Luft eine milde Wärme hat, aus dem Feuer. Er ist mehr luftig als feurig. Daher spürt er auch die Luft und paßt manchmal seine Wärme der ihren an. Aber er ist auch feurig, weil er aus dem Feuer entsteht." (*Physica*)

Sie empfiehlt den Hyazinth bei Augenbeschwerden, Fieber, Wahnvorstellungen und übermäßigem Sexualtrieb.

Onyx

Der Onyx besteht aus Kieselsäure und gehört zur Mineralgruppe der Chalzedone. Es handelt sich bei diesem Stein um eine selten vorkommende Varietät (Spielart) des Achats. Der Onyx ist entweder lagig weiß oder schwarz und undurchsichtig. Um den wertvollen naturschwarzen Onyx nachzuahmen, kann man Achat künstlich färben. Früher wurden dazu die Stücke wochenlang mit Honig getränkt, heute verwendet man eine heiße Zuckerlösung. Anschließend werden die Steine erhitzt oder mit Schwefelsäure behandelt. Dadurch verkohlt der Zucker, und der Stein färbt sich schwarz.
Onyx wird hauptsächlich in Brasilien, Südwestafrika und Madagaskar gefunden.

Der Name Onyx stammt aus dem Griechischen und bedeutet Fingernagel. Im Mittelalter galt der Onyx als wirksames Amulett gegen den bösen Blick. Man sagte ihm auch nach, daß er das Wachstum der Feldfrüchte fördere und die Bauern vor Unfällen auf ihrem Acker beschütze. Außerdem hieß es, daß er dem Mann eine gute Wahl seiner Gattin garantiere.

Dem Onyx wurde solche Kraft beigemessen, daß das Privatsiegel des Kaisers von China aus diesem Material gefertigt war; den Untertanen war es bei Strafe verboten, sich des gleichen

Steines zu bedienen. In *Westöstlicher Diwan* schreibt Goethe über den Onyx, daß er alles Übel vertreibe und sowohl seinen Träger als auch dessen Aufenthaltsort schütze. Und Theodor Körner dichtet in seinen *Monatssteinen* für den Monat August:

„So ward ihm denn zum freudigen Leben
Der doppelt gefärbte Onyx gegeben,
Den Zeus zugleich und Merkur gezeugt
Und dem kein Stein auf Erden gleicht.
Drum stellt er auch zwiefache Wirkung dar;
Denn er macht den Geist lebendig und klar,
Doch stärkt er das Herz auch zu kühnerm Wagen;
Drum mögen ihn die Gewaltigen tragen."

In der Antike benutzten die Ärzte den Stein zur Heilung von entzündeten Augen und streuten ihn in pulverisierter Form auf entzündete Wunden.

Der mittelalterliche Gelehrte Konrad von Megenberg (1309–1374) hielt den Onyx für besonders wirkungsvoll bei der Behandlung von Magenkrankheiten. Auch gegen die Krätze sollte er schützen und diese seines Wissens sogar vertreiben. Darüber hinaus empfahl er ihn auch für kosmetische Zwecke, weil er dem Gesicht einen makellosen Glanz verleihen sollte.

Die Ärzte des Mittelalters verordneten Onyx bei eiternden und entzündlichen Wunden. Noch im 18. Jahrhundert glaubte man, daß der Onyx gegen Herzbeschwerden schütze. Er wurde auch gegen Kreislaufstörungen getragen.

Viele dieser Anwendungsgebiete finden wir bei Hildegard von Bingen wieder. Hildegard mißt dem Onyx, da er die Wärme der Luft enthält, vor allem heilsame Wirkungen gegen aus der Luft entstandene Krankheiten zu:

> „Der Onyx ist warm. Er wächst um die dritte Tagesstunde in einer dichten Wolke, wenn die Sonne sehr heiß brennt und trotzdem Wolken die Sonne verschleiern, so daß diese wegen deren großen Wassergehalts nicht durch sie hindurchscheinen kann. Der Onyx enthält nicht die starke Hitze des Feuers, sondern die Wärme der Luft. Er entsteht ursprünglich aus der Sonne und wird durch die Wolken verfestigt. Deshalb hat er eine starke Wirkung gegen alle Krankheiten, die aus der Luft entstehen." (*Physica*)

Hildegard empfiehlt den Onyx vor allem gegen Augenleiden, Herz- und Magenbeschwerden, Milzleiden, Fieber und Depressionen.
Aber nicht nur für den Menschen ist der Onyx nach ihren Worten heilsam – er kann auch kranken Tieren helfen, etwa bei einer Rinderseuche. Sie empfiehlt:

> „Wenn eine Seuche die Rinder befällt und tötet, dann wärme Wasser am Feuer in einem Gefäß. Wenn es vom Feuer weggenommen ist, halte einen Onyx über das dampfende

Wasser, damit der aus ihm austretende Schweiß sich damit verbinden kann. Dann lege den Onyx drei Tage lang in dieses Wasser. Wenn du den Stein herausgenommen hast, gib dieses Wasser den Rindern oft zur Tränke. Auch ihr Futter besprenge mit diesem Wasser und vermische Kleie damit und lege ihnen diese als Futter vor. Das tue oft, und es wird ihnen bessergehen." (*Physica*)

Beryll

Der Beryll ist ein Beryllium-Tonerde-Silikat und bildet eine eigene Mineralgruppe, zu welcher auch der Smaragd und der Aquamarin gehören. Sein Name kommt von dem griechischen Wort *beryllos*, aus dem später das deutsche Wort Brille entstand. Berylle sind durchsichtig, und sie kommen in unterschiedlichen Farben vor. Am häufigsten ist die grüne Farbe, die auch nach Gelb und Blau hin abgewandelt sein kann. Der goldgelbe Stein heißt Goldberyll, der hellgrüne Heliodor. Aber es gibt auch graue, rosafarbene und farblose Berylle. Beryllvorkommen finden sich in Brasilien, Madagaskar, Südwestafrika, Kalifornien und Sri Lanka.

Schon im Altertum lieferte der Beryll das Material für Brillen. Im Mittelalter wurden daraus Zauberspiegel angefertigt, mit deren Hilfe man die Zukunft voraussagen zu können glaubte. Auch gegen die Gefahr durch Feinde sollte der Beryll schützen. Außerdem galt er als Schutzstein der ehelichen Liebe und sollte sogar entzweiten Eheleuten die Liebe zurückbringen. Hildegard von Bingen meinte, daß der Beryll auch gegen Gift wirksam sei:

> „Wenn jemand gerade etwas Giftiges gegessen oder getrunken hat, schabe er alsbald etwas von dem Beryll in Quellwasser oder in anderes Wasser und trinke dies sofort. So mache er es während fünf Tagen und trinke es einmal täglich auf nüchternen Magen. Er wird das Gift dann entweder durch Erbrechen ausspeien, oder es wird durch den Stuhl abgehen." (*Physica*)

Wie alle angeblich gegen Gifte wirkenden Mittel sollte das Beryllrezept nicht bei akutem Vergiftungsverdacht ausprobiert werden. Hier ist im Gegenteil schnellste ärztliche Hilfe erforderlich.

Gegen Nieren- und Blasensteine verordneten die Ärzte im alten Griechenland Wasser, in dem einige Tage lang ein Beryll gelegen hatte. Auch gegen Depressionen wurde der Stein eingesetzt.
Im Mittelalter empfiehlt Konrad von Megenburg den Beryll gegen Asthma. Dazu sollte der Stein in Wasser gewaschen und das Wasser getrunken werden. Auch gegen Drüsenkrankheiten sollte er seiner Meinung nach helfen.
Die Vorstellung Hildegards von Bingen, daß der Beryll gegen Vergiftungen schützen könne, ist allerdings mehr magischen als wissenschaftlichen Ursprungs.

Über die Entstehung des Berylls berichtet Hildegard in ihrer *Physica* folgendes:

> „Der Beryll ist warm. Er bildet sich an einzelnen Tagen zwischen der dritten Tagesstunde und dem Mittag aus dem Schaum des Wassers, wenn dieses durch die Sonne stark erhitzt ist. Seine Kraft hat ihre Ursprünge mehr in der Luft und im Wasser als im Feuer, aber er ist dennoch etwas feurig."

Hildegard empfiehlt den Beryll vor allem gegen Nervosität.

Sardonyx
Der Sardonyx besteht aus Kieselsäure und gehört zur Mineralgruppe der Chalzedone, bei dieser wieder zur Untergruppe des Onyx. Er ist ein Achat, also undurchsichtig, und braun und weiß gebändert. Die wichtigsten Fundorte befinden sich in Brasilien, Südwestafrika und Madagaskar.

Früher schrieb man dem Sardonyx die Fähigkeit zu, dem Menschen, der ihn trug, Verstand zu verleihen. Interessant ist, daß er der Lieblingsstein der englischen Königin Elisabeth II. ist, die privat nur selten Schmuck trägt – jedoch ständig einen Sardonyx-Ring, in den ihr Familienwappen geschnitten bzw. geritzt ist.

Hildegard von Bingen schreibt dem Sardonyx besonders starke Kräfte zu, die speziell auf die fünf Sinne des Menschen wirken. Als Grund dafür nennt sie sein Entstehen im reinen Sonnenlicht. Sie schreibt dazu:

> „Der Sardonyx ist warm. Er wächst an einzelnen Tagen nach Ende der sechsten bis kurz vor Beginn der neunten Stunde. Er wird von der reinen Sonne erwärmt, wenn sie in ihrer Klarheit leuchtet, denn zu dieser Zeit kühlt sich die Luft bereits ab. Deshalb hat der Sardonyx mehr vom Feuer als von der Luft oder vom Wasser. Er enthält starke Kräfte und gibt auch den fünf Sinnen des Menschen Kraft. Für sie wirkt er heilsam, weil er im reinen Sonnlicht entsteht, wenn nichts dessen Klarheit trübt.“ (*Physica*)

Hildegard empfiehlt deshalb, den Stein auf die nackte Haut zu legen und ihn auch immer wieder einmal in den Mund zu nehmen, „dann werden davon Verstand, Wissen und alle Sinne des Körpers gestärkt.“ Zorn, Dummheit und Unbeherrschtheit – Eigenschaften, die Hildegard auf den Einfluß des Teufels zurückführt – werden dem Menschen abgenommen, denn „der Teufel haßt und meidet diesen Stein wegen seiner Reinheit“. (*Physica*)
Außerdem legt Hildegard uns nahe, den Sardonyx bei übermäßigem sexuellem Verlangen und bei allgemeinen Schwächezuständen zu nutzen.

Saphir

Der Saphir ist ein Aluminiumoxyd, also eine Tonerde, und gehört zur Mineralgruppe der Korunde, zu welcher auch der

Rubin zählt. Allerdings ist er nicht so selten wie der Rubin. Er ist durchsichtig und tritt in den Farben Blau, Gelb, Rosa, Violett und Weiß auf. Sehr selten ist der orangefarbene Padparadscha (singhalesisch für „Morgenröte“). Dieser Stein ist fast so hart wie der Diamant. Die bedeutendsten Fundorte für Saphire sind Hinterindien, Sri Lanka, Birma, Thailand, Vorderindien, Australien und Nordamerika.

Im Sanskrit nennt man den Saphir *sauritana*, das bedeutet „der dem Saturn geweihte Stein“. Besonders gern werden Saphire am Abend getragen – im Tageslicht erscheinen sie sehr dunkel. Der Saphir soll die Eigenschaft besitzen, die Sünden des Menschen zu tilgen und einen Menschen, der sich schuldig gemacht hat, dazu zu bringen, daß er seine Fehler unter Tränen bereut. Deshalb seien auch die Altäre des sagenumwobenen Gralstempels aus Saphiren errichtet worden. Außerdem schrieb man dem Saphir die Kraft zu, gegen Untreue zu schützen. Der Saphir sollte nämlich in der Lage sein, durch Fleckenbildung oder gar durch Zerspringen anzuzeigen, daß sein Träger untreu gewesen war. Als Schutzstein gegen Unkeuschheit wurde er häufig von Geistlichen getragen. Gleichzeitig sollte der Saphir aber auch Weisheit und Vernunft verleihen.

Der Dichter Theodor Körner schreibt über den Saphir:

„Er ist ein heiteres Sternenkind,
Wie alle Joviskinder sind,
Blickt das Leben so freundlich an,
Man meint, er hätt uns was Liebes getan.
Mit leichten Scherzen
Versöhnt er die Herzen,
In glühenden Schmerzen
Kühlt er die Herzen.“

Die Ärzte des alten Griechenlands verabreichten gegen die gefürchteten giftigen Tierbisse und -stiche ein Elixier, in das vorher einige Tage lang ein Saphir gelegt worden war. Der große mittelalterliche Gelehrte Albertus Magnus (1200–1280) schrieb vom Saphir, daß er von der Farbe des Himmels sei, den Geist frei mache und das betrübte Herz tröste. Die Ärzte des Mittelalters verwendeten den Saphir gegen eine Vielzahl von Krankheiten, beispielsweise gegen Fieber, Gesichtsrose, Nierenleiden, Augenschwäche, Blattern, Masern, Geschwülste, Pest und Krebs. Der blaue Saphir sollte vor allem Magen- und Darmbeschwerden vertreiben und das Herz stärken. Konrad von Megenburg empfahl den Saphir auch zur Behandlung von Lungenkrankheiten. Noch im 18. Jahrhundert galt er als wirksamer Stein, um die Melancholie zu vertreiben.

Hildegard von Bingen widmet dem Saphir in ihrem *Buch von den Steinen* ein umfangreiches Kapitel. Über seine Entstehung und seine Eigenschaften schreibt sie:

> „Der Saphir ist warm. Er wächst um die Mittagszeit, wenn die Sonnenglut so stark brennt, daß die Luft von dieser Hitze etwas undurchsichtig wird. Der Glanz der Sonne durchdringt dann wegen der übergroßen Hitze, die sie dann hat, die Luft nur insoweit, daß dieser Glanz nicht so vollkommen sichtbar ist, wie es der Fall wäre, wenn die Luft etwas gemäßigter ist. Deshalb ist der Saphir trüb, und er ist mehr von feuriger als von luftiger oder wäßriger Natur. Er bezeichnet die vollkommene Liebe zur Weisheit." (*Physica*)

Hildegard empfiehlt den Saphir vor allem bei Augenbeschwerden, Gicht und Magenleiden. Aber auch für Menschen, denen ein intellektuelles Verständnis fehlt, hat sie ein Rezept:

> „Wenn jemand so dumm ist, daß ihm jedes Verständnis abgeht, wenn er aber dennoch klug sein will und nicht klug sein kann, wenn er nichts Boshaftes im Sinn hat noch danach strebt, der sollte seine Zunge bei nüchternem Magen

immer wieder mit einem Saphir bestreichen. Denn die Wärme und die Kraft dieses Steines verscheucht zusammen mit der warmen Feuchtigkeit des Speichels die schlechten Säfte, die den Verstand des Menschen unterdrücken. So erhält der Mensch einen klaren Verstand." (*Physica*)

Sarder

Der Sarder besteht wie der Karneol aus Kieselsäure. Auch die Unterscheidung zwischen beiden ist schwierig. Allerdings tendiert die Farbe des Sarders mehr zum Bräunlichen. Der Sarder gehört zur Mineralgruppe der Chalzedone.

Hildegard von Bingen schätzt ihn wegen seiner milden, gut ausgewogenen Wärme:

„Der Sarder wächst am Nachmittag bei starkem Regen, wenn in der Herbstzeit das Laub von den Bäumen fällt. Die Sonne ist dann noch sehr warm und die Luft kalt, und die Sonne erwärmt den Stein mit ihrer Röte. Daher ist er rein, weil er aus Wasser und Luft entstanden und in seiner guten und milden Wärme wohl ausgewogen ist. Durch die ihm innewohnenden Kräfte kann er Seuchen abwenden." (*Physica*)

Hildegard empfiehlt den Sarder vor allem bei Schmerzen, Hörschwierigkeiten, Fieber, Gelbsucht und schwierigen Geburten.

Topas

Der Topas ist seiner chemischen Zusammensetzung nach ein Tonerdesilikat und stellt eine eigene Mineralgruppe dar. Wegen seiner Klarheit und Reinheit und seines besonders schönen Feuers (im Sanskrit heißt *tapas* Feuer) wird er besonders hoch geschätzt. Der Topas ist durchsichtig bis halbdurchsichtig und kommt in den Farben Gelb, Rosa, Weiß, Braun, Blau und Grün vor. Es gibt auch durchsichtige Topase. Als wichtigste Fundstellen gelten heute Brasilien und Sri Lanka. Früher war auch das Uralgebirge ein wichtiges Abbaugebiet. Einige wenige Exemplare wurden sogar im Erzgebirge gefunden.

Dem Topas wird nachgesagt, daß er die Eigenschaft verleihe, folgerichtig zu denken. Daneben soll er einen positiven Einfluß auf das Zusammenleben der Menschen ausüben, seinen Träger vor Neid und Mißgunst bewahren und törichte Gedanken und Übermut vertreiben.

Hildegard von Bingen glaubte sogar, daß der Topas in Speisen enthaltenes Gift anzeigen könne:

> „Wenn im Brot, im Fleisch oder im Fisch oder in irgendeiner Speise oder im Wasser oder im Wein oder in irgendeinem Getränk Gift ist, bringt dies einen danebenliegenden Topas zum Schwitzen, wie das Meer schäumt, wenn Unrat in ihm ist. Deshalb soll der Mensch beim Essen und Trinken einen Topas neben Speise und Trank halten und ihn oft anschauen, und wenn in Speise oder Trank Gift ist, schwitzt er sofort." (*Physica*)

Theodor Körner besingt in seinem Gedichtzyklus *Die Monatssteine* unter dem Monat November den Topas:

> „Wie sonnenflammendes Glas
> Glänzt der Topas
> Ins kalte Leben lebendig herein.
> An der linken Hand als freundliche Zierde
> Stillt er des Herzens wilde Begierde,
> Macht die Seele des Zornes frei
> Und zügelt die glühende Phantasei."

In der indischen Ayurveda-Medizin gilt der Topas seit Jahrhunderten als Lebenselixier. Gleichzeitig soll er Intelligenz und Gedächtnis fördern. Er wird in der Ayurveda-Medizin zur Behandlung von Entzündungen, Fieber, Appetitlosigkeit, Verdauungsbeschwerden und Leberschmerzen verwendet.

Im Mittelalter wurde der Topas als Mittel gegen Verwirrung der Gedanken, Schlaflosigkeit, Gicht und Asthma verordnet. Auch gegen Masern und Windpocken sollte er schützen.

Hildegard von Bingen nennt in ihrem *Buch von den Steinen* einzig den gelbfarbenen Goldtopas, weshalb dieser auch ausschließlich für eine Edelsteintherapie nach Hildegard verwendet werden sollte.

„Der Topas wächst um die neunte Tagesstunde, wenn die Sonne kräftig strahlt, kurz bevor die neunte Stunde erreicht ist, weil dann die Sonne von der Tageswärme und der Luftbewegung am reinsten und wärmsten ist. Der Topas hat nur wenig Luft und Wasser in sich, und er ist klar. Seine Farbe ist dem Gold ähnlicher als dem Gelb." (*Physica*)

Hildegard empfiehlt den Topas zur Behandlung von Augenbeschwerden, Fieber und Milzleiden. Aber nicht nur gegen Krankheiten wirkt der Topas – als stärkster Stein kann er auch das Böse vom Menschen fernhalten:

„Lege jeden Tag in der Frühe einen Topas auf dein Herz und sprich: ‚Gott, der Du in allem und über allem groß bist, verwirf mich nicht um Deiner Ehre willen, sondern erhalte mich in Deinem Segen, stärke und festige mich.' So oft du dies tust, wird dich das Böse meiden. Denn von Gott hat dieser sehr starke Stein diese Kraft, Unheil vom Menschen abzuwenden, weil er wächst, wenn die Sonne sich zum Untergang neigt." (*Physica*)

Chrysolith

Der Chrysolith ist seiner chemischen Zusammensetzung nach ein Eisenmagnesiumsilikat und gehört zur Mineralgruppe der Olivine. Seine Farbe spielt in verschiedenen Grüntönen – von Gelbgrün über Moosgrün und Braungrün zu Olivgrün. Letztere Farbe ist am begehrtesten. Der wichtigste Fundort liegt auf einer kleinen vulkanischen Insel an der ägyptischen Küste des Roten Meeres – dort wurden diese Steine bereits im Altertum ausgegraben. Auch in Amerika, vor allem in Arizona, gibt es Chrysolithvorkommen. In Südafrika tritt er als Begleitmaterial von Diamanten auf. Man konnte ihn außerdem in Meteoriten nachweisen.

Die Römer trugen Chrysolithschmuck zur Abwehr von Dämonen, im germanischen Bereich wurde der Chrysolith im Mittelalter vor allem für kirchlichen Schmuck verwendet. Arnoldus Saxo, ein mittelalterlicher Gelehrter, meinte, daß, wenn man einen in reines Gold gefaßten Chrysolith als Ring an der linken Hand trüge, dieser den Träger weise mache. Außerdem würden dadurch Dämonen und Nachtgespenster ebenso wie Melancholie und Torheit vertrieben.

Theodor Körner schreibt in seinem Zyklus *Die Monatssteine* unter dem Monat September:

> „Er ist so klar, so mild, so hold
> Wie goldenes Grün, wie grünes Gold.
> Und wie des Mannes reife Kraft
> Den Frieden in tobender Brust erschafft,
> So läßt er auch mit sanftem Walten
> Den Zorn im Herzen sich nicht gestalten
> Und schützt mit seiner stillen Pracht
> Vor bösen Träumen die friedliche Nacht."

Die Ayurveda-Medizin verordnet den Chrysolith gegen Schlaflosigkeit. Darüber hinaus soll er angenehme Träume schaffen. Zu diesem Zweck wird dem Patienten Wasser gegeben, in das vorher für einige Zeit ein Chrysolith gelegt wurde. Griechische Ärzte verordneten ihn gegen alle Nieren- und Darmkrankheiten sowie gegen Magenbeschwerden, und im alten Rom nahm man an, daß er Epilepsie heilen könne. Bereits im frühen Mittelalter wurde ihm eine heilende Wirkung bei Augenkrankheiten zugeschrieben. Später wurde der Chrysolith auch gegen Melancholie empfohlen. Er sollte ebenfalls imstande sein, Fieberträume zu vertreiben.

Hildegard von Bingen spricht dem Chrysolith eine geradezu lebenspendende Kraft zu:

„Der Chrysolith wächst durch die Sonnenglut und die Feuchtigkeit der Luft am Nachmittag bis zur neunten Stunde. Er enthält eine fast lebenspendende Kraft. Würde er bei einem neugeborenen Lamm oder bei einem anderen neugeborenen Tier liegen, würde dieses von seiner Kraft so gestärkt werden, daß es schon vorzeitig davonlaufen würde." (*Physica*)

Hildegard empfiehlt eine Chrysolithbehandlung vor allem bei Fieber und Herzbeschwerden. Darüber hinaus stärkt der Stein Wissen und Geschicklichkeit:

„Der Chrysolith stärkt das Wissen im Menschen, der ihn bei sich trägt, so daß dieser Wissen und Geschicklichkeit hat. Wer den Stein über sein Herz legt, dem wird es an Wissen und guten Fähigkeiten nicht fehlen, solange er ihn trägt." (*Physica*)

Jaspis

Der Jaspis besteht aus Kieselsäure und gehört zur Mineralgruppe der Chalzedone wie z.B. der Onyx. Er ist halbdurchscheinend bis undurchsichtig und tritt in den Farben Rot, Gelb, Grün, Braun, Bläulich und Schwarz auf. Der Blutjaspis, auch Heliotrop genannt, ist rot bzw. grün mit roten Punkten. Das Wort Jaspis kommt aus dem Griechischen und bedeutet „der Gesprenkelte".

Man findet den Jaspis in Afrika (z. B. die braunen Jaspisknollen an der Erdoberfläche der ägyptischen Kieselwüste), Indien, im Ural, aber auch im Rheinland und in Baden. Aus der Gegend von Idar-Oberstein stammt der graue Jaspis.

Ägyptische Magier schützten sich mit dem roten Jaspis vor den Dämonen, die sie zu beschwören suchten. Im Mittelalter schenkten sich Eheleute gegenseitig einen Jaspis, weil dieser den Ehebruch verhindern sollte.

Über den Blutjaspis berichtet eine Legende, daß bei der Kreuzigung Christi ein grüner Jaspis am Fuße des Kreuzes gelegen habe, auf den das Blut aus den fünf Wunden des Heilands herabtropfte. Diese Blutstropfen seien dann für immer dem Stein eingeprägt worden.

In der antiken Medizin fand der rotgesprenkelte Jaspis Verwendung zur Wundheilung. Man glaubte, daß durch ihn eine blutende Wunde geschlossen werden könne. Man ließ schwangere Frauen auch einen Jaspis um die Hüften tragen, um ihnen so die Geburt zu erleichtern. Die Ayurveda-Medizin, die heute noch in Indien und inzwischen weltweit praktiziert wird, arbeitet ebenfalls mit diesem Stein. Der Jaspis wird in Wasser getaucht und dann ebenfalls auf blutende Wunden gelegt. Als schmerzstillendes Amulett wurde er häufig an einer Schnur um den Hals getragen. Die Römer setzten den Jaspis gegen Epilepsie ein und verwendeten ihn auch zur Behandlung von Lungenkrankheiten. Der berühmte Kirchenlehrer und Naturforscher Albertus Magnus (1193–1280) hielt den Jaspis für das beste Mittel zur Fiebersenkung. Er setzte ihn außerdem zur Behandlung der Wassersucht ein.

Es ist eine interessante Tatsache, daß die moderne Medizin aus dem Blutjaspis ein Oxid gewinnt, das bei lang anhaltenden Blutungen verwendet wird.

Über die Entstehung des Jaspis schreibt Hildegard von Bingen:

> „Der Jaspis entsteht, wenn die Sonne sich nach der neunten Stunde anschickt unterzugehen. Er wird vom Feuer der Sonne erwärmt. Dennoch entsteht er mehr aus der Luft als aus dem Wasser oder aus dem Feuer. Er hat eine unterschiedliche Wärme, weil die Wärme der Sonne, wenn diese nach der neunten Stunde zum Untergehen neigt, bereits wie durch eine Wolke wechselnd erscheint." (*Physica*)

Hildegard empfiehlt den Jaspis vor allem bei Hörschwierigkeiten, Schnupfen, Gicht und gegen schwere Geburten.

Prasem

Seiner chemischen Zusammensetzung nach besteht der Prasem aus Kieselsäure. Er wird häufig mit Jade verwechselt. Er ist durchscheinend bis undurchsichtig. Seine Farbe ist ein leuchtendes Grün. Fundstätten sind Schottland und Finnland sowie das Erzgebirge und die Salzburger Alpen.

Nach den Worten Hildegards wird der Prasem unter Mithilfe der von ihr so geschätzten „Grünkraft" hervorgebracht. Sie schreibt über seine Entstehung:

> „Der Prasem wächst, wenn die Sonne gegen Abend ihre Strahlen von der Erdoberfläche zurückzieht und wenn schon der Tau naht und die Sonne allmählich auf das Felsgestein des Berges fällt und dieses erglühen läßt. So entsteht der Prasem dort aus der Hitze der Sonne, aus der Feuchtigkeit der Luft und des Wassers und aus der Grünkraft des Taus." (*Physica*)

Hildegard empfiehlt den Prasem zur Behandlung von Fieber und von Verletzungen durch Sturz oder Schlag.

Chalzedon

Der Chalzedon besteht aus Kieselsäure und gehört zur Mineralgruppe der kristallinen Quarze. Besondere Spielarten des Chalzedons sind Achat, Jaspis und Onyx. Er ist halbdurchscheinend bis undurchsichtig, und man findet ihn in grauen, weißen, bläulichen, gelblichen und roten Farben. Im Altertum bezog man den Chalzedon vorwiegend aus Ägypten und Arabien. Heute gibt es Fundstätten in Brasilien, Südwestafrika, Madagaskar, Uruguay, Ostindien, Sri Lanka, Syrien, Island, Sibirien und in den USA.

Dem Chalzedon wurde die Fähigkeit zugeschrieben, die Sorgen zu vertreiben und heiter und zuversichtlich zu stimmen. Der Dichter Theodor Körner schreibt unter dem Monat Juni über den Chalzedon:

„Drum hat Natur des Chalcedons Kraft,
Die still bescheidene, freundlich geschafft,
Daß er mit wechselndem Farbenspiele
Erfreue des Herzens dunkle Gefühle.“

Auch glaubte man, daß der Chalzedon Sachlichkeit im Denken und Redegewandtheit verleihe. Deshalb war er lange Zeit der Schmuckstein der Rechtsgelehrten, denn es hieß, daß jemand, der einen Chalzedon trägt, keinen Prozeß verlieren könne.

In der Antike repräsentierte der Chalzedon die Elemente Luft und Wasser und wurde deshalb zur Behandlung witterungsbedingter Krankheiten verwendet. Im Mittelalter gaben die Ärzte ihn als Medizin gegen Gallenbeschwerden. Albertus Magnus empfahl ihn auch gegen Melancholie.

Hildegard von Bingen schreibt dem Chalzedon in ihrem *Buch von den Steinen* „gute Kräfte“ zu:

> „Der Chalzedon wächst, wenn die Sonne während der Abenddämmerung schon fast verschwunden ist und die Luft noch etwas warm ist. Darum entstammt seine Wärme mehr der Luft als der Sonne, und er hat gute Kräfte.“ (*Physica*)

Hildegard empfiehlt den Chalzedon vor allem bei allgemeinen Schwächezuständen. Sie weiß aber auch um seine Bedeutung als „Rednerstein“:

> „Wer beim Reden ruhig und besonnen sein und das, was er zu sagen hat, allgemeinverständlich vortragen möchte, sollte einen Chalzedon in der Hand halten, ihn durch seinen Atem erwärmen und dann mit der Zunge ablecken. So wird er ruhiger und verständlicher zu den Menschen sprechen können.“ (*Physica*)

Chrysopras

Der Chrysopras besteht seiner chemischen Zusammensetzung nach aus Kieselsäure. Er gehört zur Mineralgruppe der Chalzedone wie der Jaspis und der Onyx. Er ist durchscheinend bis undurchsichtig und in der Farbe gelbgrün bis smaragdgrün. Seine schöne Farbe kann bei Sonnenlicht ausbleichen. Um sie wieder herzustellen, sollte man den Stein in einem feuchten Wolltuch aufbewahren. Fundstätten des Chrysopras sind die USA, Rußland und Schlesien – hier wurde er schon im 14. Jahrhundert abgebaut.

Friedrich der Große (1712–1786) liebte diesen seltenen Stein sehr und ließ ihn zur Ausschmückung seines Schlosses Sanssouci verwenden.

Theodor Körner ordnet in seinem Gedichtzyklus *Die Monatssteine* den Chrysopras dem Monat Dezember zu:

> „Trag ihn voll Glauben, wenn du bangst,
> Er bezwingt des Herzens quälende Angst,
> Macht die Seele freudig in Gefahr
> Und schließt im heiligen Kreise das Jahr!“

In der mittelalterlichen Medizin wurde der Chrysopras – beispielsweise von Arnoldus Saxo – gegen unstillbares Erbrechen verordnet.

Hildegard von Bingen schreibt dem Chrysopras wegen seiner gemäßigten Wärme besonders starke Kräfte zu:

> „Der Chrysopras wächst in jener Stunde, in der die Sonne sich bereits ganz zurückzieht. Dann nehmen Luft und Wasser eine trübere und grünlichere Färbung an. Deshalb hat dieser Stein nachts, wenn der Mond infolge des Sonnenstandes am stärksten – das heißt halbvoll – ist, seine beste Kraft. Seine großen Kräfte entstehen aber auch aus der mil-

den und gleichmäßigen Wärme, so daß der Stein nicht zu warm, sondern gemäßigt ist.“ (*Physica*)

Hildegard empfiehlt diesen Stein im Zusammenhang mit verschiedenen Zauberformeln zur Teufelsaustreibung bei Besessenheit – ein Verfahren, das heute nicht mehr angewandt wird oder zumindest nicht mehr gebraucht werden sollte. Bei körperlichen Krankheiten wirke er vor allem gegen Gicht und Epilepsie. Auch für Menschen, die leicht in Zorn geraten, sei er geeignet. Hildegard schreibt dazu:

> „Wenn jemand leicht in starken Zorn gerät, halte er sich so lange einen Chrysopras an die Kehle, bis er warm wird. Dieser Mensch wird keine zornigen Worte mehr hervorbringen, bis sich sein Zorn gelegt hat.“ (*Physica*)

Rubin

Hildegard von Bingen führt an dieser Stelle in dem *Buch von den Steinen* nicht den Rubin, sondern den Karfunkelstein an. Damit könnte sie den Rubin, den Granat oder den roten Spinell gemeint haben – aber keiner dieser Steine wird in diesem oder anderem Zusammenhang genannt. Allgemein setzt sich die Auffassung durch, daß es sich bei Hildegards Karfunkelstein um den Rubin handelt.

Der Rubin ist seiner chemischen Zusammensetzung nach ein Aluminiumoxid (Tonerde) und gehört wie der Saphir zu der Mineralgruppe des Korunds. Der Rubin ist durchsichtig und von roter Farbe, manchmal mit einem Stich ins Gelbe oder ins Violette. Am begehrtesten ist die „Taubenblutfarbe“, ein reines Rot mit einem Stich ins Bläuliche. Der Name Rubin stammt von dem Sanskritwort *rubeus*, das „rot“ bedeutet. In der blumenreichen Sprache des Orients wurde er auch „Blutstropfen aus dem Herzen der Mutter Erde“ genannt. Der Rubin wirkt besonders prächtig im Sonnenlicht, kann aber auch gut am Abend getragen werden. Rubine werden in Hinterindien, Birma, Thailand und Sri Lanka gefunden.

Der Rubin gilt als Symbolstein der Liebe. Auch glaubte man, daß dieser Stein, wenn er dicht am Herzen getragen wurde, Mut und Tapferkeit verleihe. Er war der Lieblingsstein von Katharina von Medici (1519–1589) und Madame Dubarry (1743–1793).

Die altindische Ayurveda-Medizin stellte aus dem Rubin ein Elixier zur Herzstärkung her. Die Asche eines Rubins wurde gegen Verstopfung, Magenschmerzen und Koliken verordnet und sollte auch imstande sein, das Leben zu verlängern. Noch heute verwendet man in Indien Rubin-Elixiere als Arznei gegen Magenverstimmungen und Blähungen sowie als durstlöschendes Getränk bei Fieber.

Der mittelalterliche Dichter Wolfram von Eschenbach (1170–1220) schreibt im *Parzival* vom Rubin (Karfunkelstein), daß er alle Blutungen zu stillen vermöge. Während der Renaissance wurde im mitteleuropäischen Raum gerne ein Rubin getragen, weil dieser einen beruhigenden Schlaf schenken sollte.

Hildegard von Bingen rät bei der Verwendung des Rubins zur Vorsicht, da es sich bei seinen Eigenschaften um äußerst seltene Kräfte handle, die man fürchten müsse. Sie führt dies auf die Enstehung des Steins zurück:

> „Der Karfunkel wächst bei Mondfinsternis. Denn vor lauter Überdruß möchte der Mond gewissermaßen verschwinden. Deshalb verfinstert er sich, wenn er nach göttlichem Befehl Hungersnot, Seuchen oder Veränderungen in den Regierungen anzeigt. Dann sendet die Sonne alle ihre Kräfte in das Firmament, wärmt den Mond mit ihrer Hitze und entfacht und richtet ihn mit ihrem Feuer wieder auf und läßt ihn wieder aufleuchten wie jemand, der seine Zunge in den Mund eines Menschen legt, der schon gestorben ist, um ihn vom Tode zu erwecken. Und in dieser Stunde entsteht der Karfunkel. Er hat seinen Glanz vom Feuer der Sonne bei

zunehmendem Mond, so daß er mehr des Nachts als bei Tage leuchtet. Und so wächst er, bis die Hitze der Sonne ihn auswirft. Und weil eine Mondfinsternis so selten ist, so ist auch der Stein selten. Auch seine Kraft ist selten und zu fürchten, weshalb man sie nur mit großer Vorsicht und Sorgfalt anwenden darf." (*Physica*)

Hildegard empfiehlt die medizinische Anwendung des Rubins vor allem gegen Fieber, Gicht und Kopfschmerzen. Darüber hinaus rät sie, diesen Stein auf Kleider oder andere Gegenstände zu legen – so halten diese lange und verfaulen nur schwer.

Amethyst

Der Amethyst besteht seiner Zusammensetzung nach aus Kieselsäure und gehört zur Mineralgruppe der Quarze. Der Amethyst ist durchsichtig. Seine Farbe ist violett und spielt von licht- bis dunkelblau bis rotviolett. Die wichtigsten Fundorte befinden sich in Brasilien, Uruguay, Madagaskar und im Ural.

Der Name kommt vom griechischen *ametheyn* und bedeutet „nicht betrunken sein". Es hieß, daß er vor Trunkenheit bewahre, weshalb man im alten Griechenland den Wein gern aus Amethystpokalen trank.

Auch der römische Verfasser zahlreicher naturwissenschaftlicher Schriften, Plinius, berichtet, daß der Amethyst vor Trunkenheit schütze. Möglicherweise deutet auch das indogermanische Wort *met* darauf hin, mit dem der berauschende Honigwein bezeichnet wurde. Auch bei den Germanen wurde der Amethyst als Glücksstein getragen. Im alten Griechenland trugen Frauen ihn, um ihre Keuschheit, und Männer, um ihren Mut zu bewahren. Dem römischen Naturwissenschaftler Plinius nach sollte der Amethyst imstande sein, Hagel und Heuschrecken zu vertreiben. Im Mittelalter schrieb Konrad von Megenberg, daß der Amethyst gute Vernunft schenke und böse Gedanken vertreibe. Neben dem Türkis galt der Amethyst auch als besonders wirksamer Schutzstein der Reiter: Er sollte Reiter und Pferd unverwundbar machen, Haß, Jähzorn, Trauer und Heimweh vertreiben und alle Gefahren abwenden – Eigenschaften, die während der Zeit der Kreuzzüge besonders geschätzt wurden.

Theodor Körner ordnet den Amethyst dem Februar zu und schreibt in seinem Zyklus *Die Monatssteine:*

> „Er knüpft das Rote mit dem Blauen.
> In seiner Farben Lieb und Treu
> Magst du der stillen Wirkung trauen:
> Er macht die Seele frisch und frei,
> Besänftigt das empörte Blut
> Und zähmt den trunkenen Übermut."

Seit alten Zeiten trug man den Amethyst am Finger oder direkt über dem Herzen als wirksamen Talisman gegen Angstgefühle. Außerdem sagte man ihm nach, daß er hysterische Anfälle verhindern könne. Einem alten hebräischen Rezeptbuch zufolge schenkt der Amethyst angenehme Träume. Im Mittelalter trug man ihn als Schutz gegen alle Arten von Halserkrankungen. Auch gegen neuralgische Schmerzen sollte er helfen. Ebenso wurde die Wassersucht damit behandelt. Als Papst Clemens VII. im Jahr 1534 tödlich erkrankte, gaben ihm seine Ärzte ein Elixier aus Edelsteinen – das berühmte „Electuarium ex Gemmis" –, das unter anderem auch aus pulverisiertem Amethyst bestand. Innerhalb von zwei Wochen schluckte der Papst Edelsteine im Wert von 40 000 Dukaten – umgerechnet sind das mehrere Millionen Mark – und starb dennoch.

Nach Erkenntnissen der modernen Edelsteintherapie wohnen dem Amethyst tatsächlich besondere Heilkräfte inne – insbesondere wirkt er beruhigend. So habe das leichte Bestreichen der Stirn von Kranken bei Nervenleiden Linderung und sogar

Gesundung gebracht, obwohl diese Krankheiten mit üblichen Mitteln nicht geheilt werden konnten.
Hildegard von Bingen schreibt dem Amethyst aufgrund seiner Entstehung besondere Kräfte zu:

> „Der Amethyst wächst, wenn die Sonne einen Hof zeigt, als ob sie gekrönt sei. Das ist der Fall, wenn sie anzeigt, daß irgendeine Veränderung im Kleid des Herrn, also der Kirche, bevorsteht. Wenn er wächst, dann in Massen wie der Kieselstein. Er ist warm und feurig und etwas luftig, weil zu der Zeit, wenn die Sonne ihren Hof zeigt, die Luft etwas lau ist.“ (*Physica*)

Hildegard empfiehlt die Behandlung mit Amethyst besonders bei Insektenstichen und gegen Läuse. Aber auch ein Kosmetikrezept legt sie uns nahe:

> „Ein Mensch, der Flecken im Gesicht hat, befeuchte den Amethyst mit seinem Speichel und bestreiche mit dem so angefeuchteten Stein die Flecken. Oder er erwärme Wasser und halte den Stein über dieses Wasser. Die austretende Feuchtigkeit vermische er mit dem Wasser und lege dann den Stein ins Wasser. Mit diesem Wasser wasche er oft das Gesicht, und dieses wird eine weiche Haut und eine schöne Farbe bekommen.“ (*Physica*)

Achat

Der Achat besteht seiner chemischen Zusammensetzung nach – wie z. B. auch der Amethyst, der Aquamarin und der Onyx – aus Kieselsäure. Er gehört zur Mineralgruppe der Chalzedone. Er ist halbdurchscheinend bis undurchsichtig und kann grau oder vielfarbig gestreift sein. Die vielfältige Zeichnung der Steine hat auch zu verschiedenen Bezeichnungen geführt: Augenachat, Bandachat, Festungsachat, Kreisachat, Korallenachat, Landschaftsachat, Muschelachat, Ruinenachat, Sternachat und Wolkenachat.

Achatvorkommen finden wir in Brasilien, Uruguay, Madagaskar, Indien sowie im Rheinland und in Sachsen. Schon die Römer kannten die umfangreichen Fundorte bei Idar-Oberstein. Das gesamte Mittelalter hindurch wurden hier Steine abgebaut, so daß bereits Anfang des 19. Jahrhunderts die Lager erschöpft waren.

Der römische Schriftsteller Plinius gibt an, der Achat schütze vor Sturm und Blitz. Arnoldus Saxo und der große Gelehrte Albertus Magnus waren der Überzeugung, daß der Achat angenehme Traumbilder hervorrufe. Im Sudan wurden in Olivenform geschnittene Achate auf Schnüre aufgezogen und als Zahlungsmittel verwendet.

Plinius berichtet in seiner Naturgeschichte *Naturalis historia*, daß der Achat die Augen stärke und die Sehkraft schärfe. Er empfiehlt den Achat auch als durststillendes Mittel bei lang anhaltendem Fieber. Dann soll man ihn in den Mund des Kranken legen. Außerdem verwendete man den Achat häufig gegen Kopfschmerzen. Plinius empfiehlt den Stein sogar gegen alle Arten von Gift. Konrad von Megenberg gibt an, daß der Achat fruchtbar mache. Außerdem empfiehlt er ihn auch als kosmetisches Mittel: Er lasse den Menschen angenehm und lieblich erscheinen.

Hildegard von Bingen berichtet über die Entstehung des Achats folgendes:

> „Der Achat entsteht aus dem Sand eines Gewässers, das sich vom Osten bis in den Süden erstreckt. Er ist warm und feurig. Dennoch hat er mehr Kraft von der Luft und vom Wasser als vom Feuer. Denn wenn das Wasser sinkt und der Sand daraus auftaucht, wird ein Teil des Sandes von der Sonnenhitze und der Reinheit der Luft durchdrungen, so daß er zu einem glänzenden Stein wird. Wenn es dann wie-

der zu einer Überschwemmung kommt, löst diese den Stein aus dem Sand und trägt ihn in andere Gegenden." (*Physica*)

Hildegard empfiehlt den Stein vor allem gegen Epilepsie und die Stiche giftiger Insekten. Aber er kann einen Menschen auch geschickt und feinfühlig machen. Dazu muß er auf der bloßen Haut getragen werden, damit er sich erwärmen kann:

„Die Natur des Steines macht den Menschen geschickt, feinfühlig und klug im Gespräch, weil der Stein aus Feuer, Luft und Wasser entstanden ist. Genauso wie ein Unkraut, das mit der Haut des Menschen in Berührung kommt, dort manchmal eine Blase oder ein Geschwür hervorruft, so machen auch bestimmte Edelsteine den Menschen durch ihre Kraft gesund und empfindsam, wenn sie auf die Haut gelegt werden." (*Physica*)

Darüber hinaus soll der Achat vor Dieben schützen:

„An jedem Abend, bevor sich der Mensch zu Bett legt, soll er einen Achat offen zuerst durch die Länge und dann durch die Breite seines Hauses tragen, also in Kreuzform. Diebe werden dann nicht so leicht ihre Absichten durchführen und Erfolg haben können, und das Stehlen wird ihnen erschwert." (*Physica*)

Diamant

Der Diamant ist seiner chemischen Zusammensetzung nach reiner Kohlenstoff. Er bildet seine eigene Mineralgruppe. Er ist der einzige Edelstein, der nur aus einem einzigen Element besteht. Von allen Edelsteinen ist er der härteste, und auch in Lichtbrechung und Farbenzerstreuung übertrifft er alle anderen Steine. Er ist durchsichtig, und man findet ihn in weißen, gelblichen, bräunlichen, rötlichen, grünlichen und bläulichen Farben. Daneben gibt es auch weißgraue und schwarze Diamanten. Fundstätten sind vor allem Süd- und Zentralafrika, Brasilien, Indien, Borneo, Venezuela und Australien.

Im Griechischen nannte man den Diamanten *adamas*, das bedeutet: „der Unbezwingliche". Die Inder bezeichneten ihn als ein „Bruchstück Ewigkeit". Von jeher galt er wegen seiner Härte und seiner Strahlkraft als Symbol alles Mächtigen und Starken, aber auch der Reinheit und des Glücks. Plinius war der Meinung, daß Diamanten die Dämonen von einem Haus fernhalten und seine Bewohner beschützen können. Zudem vertreibe er die Furcht. Albertus Magnus sagte vom Diamanten, daß er Mut gegen Feinde mache. Konrad von Megenberg schreibt dem Diamanten die Kraft zu, in der Zauberkunst zu helfen. Außerdem sollte er seinen Träger vor Feinden schützen und ihn vor Gift und Mord bewahren. Darüber hinaus sei er geeignet, wollüstige Träume zu verscheuchen und die Besessenheit zu heilen.

Aber nicht nur zu magischen Zwecken wurde der Diamant verwendet – er sollte auch die Macht seines Trägers versinnbildlichen. So wog das Prunkgewand des Sonnenkönigs Ludwig XIV. einen halben Zentner und war mit Diamanten im Wert von vielen Millionen Franc besetzt. Zu Schmuck wurde der Diamant erst im 16. Jahrhundert verarbeitet – vorher galt er nicht viel mehr als ein Bergkristall. Erst als 1476 in Brügge erstmals Diamanten mit ihrem eigenen Staub auf einer Eisenscheibe geschliffen wurden und dann nach fast zwei weiteren Jahrhunderten ihre Fähigkeit, einfallende Lichtstrahlen bei entsprechendem Schliff fast total zu reflektieren, entdeckt wurde, begann die Glanzzeit dieser Edelsteine.

In der Ayurveda-Medizin gilt Diamant-Asche als lebensverlängernd und körperstärkend. Sie soll außerdem die Durchblutung und die Ausscheidung schädlicher Schlacken fördern. Vorwiegend wurde sie gegen psychische Erkrankungen verordnet. Der griechische Philosoph Aristoteles (384–322 v.Chr.) empfahl in seinem Buch *Über die Steine* zur Abführung von Nieren- und Blasensteinen ein Wasser, in das man einige Tage vorher einen Diamanten gelegt hatte. Der römische Autor zahlreicher naturwissenschaftlicher Werke, Plinius, war in seiner *Naturalis historia* der Meinung, daß Diamanten jedes Gift unwirksam machen könnten. Außerdem könne der Stein den Wahnsinn vertreiben. Im Mittelalter glaubte man, daß ein über dem Herzen getragener Diamant Angstträume verhindern könne. Auch gebärenden Frauen empfahl man diesen Stein als Schmuck: Er sollte die Milchdrüsen anregen.

Hildgard von Bingen schätzt den Diamanten vor allem, weil er so stark ist, daß er sogar dem Teufel standhalten kann, „deshalb verschmäht ihn der Teufel bei Tag und Nacht". (*Physica*)
Über die Enstehung des Steines schreibt sie:

> „Der Diamant ist warm. Er entsteht in gewissen Gegenden der südlichen Berge, die schieferartig und glasartig wie gewisse Kristalle sind. Daraus erhebt sich manchmal ein starkes Gedröhne wie von einem sehr starken Herzen. Da der Diamant schon so stark und hart ist, bevor er groß wird, spaltet sich das Gestein des Berges dort, wo er liegt, und dieser fällt wie ein Kiesel und auch so groß ins Wasser. Wenn sich später an derselben Stelle ein Diamant bildet, ist dieser schwächer als der vorige. Wenn dann eine Überschwemmung der Flüsse entsteht, wird der Stein dadurch in andere Gegenden fortgetragen." (*Physica*)

Hildegard sieht die Ursache der Böswilligkeit des Menschen in den Machenschaften des Teufels. Da dieser den Diamanten fürchtet, rät sie Menschen, die unter dem Einfluß des Teufels zu stehen glauben, folgendes:

> „Diese Menschen sollen oft und immer einen Diamant in den Mund nehmen. Die Kraft dieses Steines ist so groß und

stark, daß er die Boshaftigkeit und das Übel, das in ihnen steckt, auslöscht." (*Physica*)

Auch im technischen Bereich kennt Hildegard sich aus, denn sie empfiehlt den Diamanten zum Gravieren und Schärfen von Eisen. Als Arznei hält sie den Diamanten für besonders wirksam bei Gicht, Schlaganfall, Gelbsucht und Trunksucht.

Magnetit

Der Magnetit ist ein schwarzes, metallisch glänzendes, undurchsichtiges Mineral. Der Magnetit oder Magneteisenstein, bei dem es sich eigentlich um ein Eisenerz handelt, findet sich in den Alpen, im Bayerischen Wald und in der Eifel.

Was Hildegard von Bingen über seine Entstehung berichtet, hat geradezu märchenhafte Züge:

> „Der Magnetit ist warm. Er entsteht aus dem Schaum gewisser giftiger Würmer (oder Giftschlangen), die sich in einem bestimmten Sand und in einem bestimmten Gewässer aufhalten; sie sind jedoch mehr im Sand als im Wasser. Denn es gibt einen gewissen giftigen Wurm, ähnlich einer Schnecke, der am Wasser und im Wasser bleibt und manchmal seinen Schaum auf eine bestimmte Stelle der Erde fließen läßt, aus der man gewöhnlich Eisen gewinnt." (*Physica*)

Wenn dies – so berichtet Hildegard weiter – ein anderer giftiger Wurm sehe, so gieße er eilends sein eigenes schwärzliches Gift darüber. Beide Substanzen durchdrängen einander und erhärteten zu einem Stein. Deshalb hat der Magnetit die Farbe des Eisens und wirkt auch anziehend auf Eisen.

Hildegard empfiehlt den Magnetit zur Behandlung von Tobsucht.

Ligurius

Obwohl noch nicht eindeutig geklärt ist, um welchen Stein es sich beim von Hildegard erwähnten Ligurius handelt, nimmt man heute an, daß sie den Ligurit (Luchsstein) gemeint hat. Mit dieser Annahme stimmt auch die Tatsache überein, daß sie sich im *Buch von den Tieren* ihrer *Physica* ähnlich über die Entstehung dieses Steines ausspricht.

Der Ligurit wird heute Titanit genannt. Es handelt sich bei ihm um ein Calcium-Titan-Silikat.

In ihrem *Buch von den Steinen* schreibt Hildegard von Bingen, daß der Ligurit aus einem bestimmten Teil des Harns eines Luchses entsteht – allerdings nur dann, „wenn die Sonne sehr heiß brennt und wenn ein leichter, milder und gut temperierter Wind weht. Das Tier freut sich dann an der Wärme und Reinheit der Sonne und an der milden, angenehmen Luft. Wenn es Harn ablassen will, gräbt es mit der Pfote ein Loch in die Erde und läßt seinen Harn dort hineinlaufen. So gerinnt der Ligurius durch die Hitze der Sonne und wächst“.

Wie im Kapitel über die Entstehung des Magnetits ist auch in diesem Teil von Hildegards Buch über die Edelsteine festzustellen, daß es sich wohl eher um eine Fabel als um eine naturwissenschaftliche Erkenntnis handelt.

Hildegard empfiehlt den Ligurius zur Behandlung von Magenschmerzen und Blasenleiden.

Bergkristall

Der Bergkristall besteht – wie z. B. auch Achat und Amethyst – aus Kieselsäure. Er gehört zur Mineralgruppe der kristallbildenden Quarze. Der Bergkristall ist durchsichtig und farblos. Manchmal sind in Rissen dünne Lufthäute eingeschlossen, die den Kristall in allen Regenbogenfarben schimmern lassen (Regenbogenquarz). Viele Steine sind auch braun bis schwarz gefärbt (Rauchquarz). Die hauptsächlichen Fundstätten liegen in Brasilien, Madagaskar, in Japan und im Ural. Früher gab es auch reiche Vorkommen in den Alpen. Diese sind jedoch mehr oder weniger erschöpft und nur noch für Sammler von Interesse.

Als Schmuckstein ist der Bergkristall wegen seines relativ geringen Wertes nicht sehr interessant. Früher wurden jedoch häufig Gläser und Pokale aus ihm geschliffen – das liegt vor allem daran, daß er sehr große Kristalle zu bilden vermag. So trank Kaiser Nero aus einem Pokal aus Bergkristall, weil er glaubte, dieser mindere den Durst. Man nahm auch an, daß der Kristall Reisende vor Krankheit schützen und ihnen vor allem eine sichere Fahrt auf dem Meer gewährleisten könne.

Im frühen Mittelalter galt der Bergkristall als Arznei gegen Nierenerkrankungen. Der arabische Arzt Ibn al Beithar verordnete ihn im 13. Jahrhundert, um Alpträume abzuwehren.

Hildegard von Bingen berichtet über die Entstehung des Kristalls folgendes:

> „Der Bergkristall entsteht aus bestimmten kalten Gewässern, die von schwärzlicher Farbe sind. Wenn etwas aus der Luft diese Gewässer berührt, so wird das Wasser durch die Kälte wie eine feste Masse. Diese hält so fest zusammen, als wenn sie das Herz des Wassers wäre.“ (*Physica*)

Daraufhin entziehe die Luft- und Sonnenwärme dieser Masse ihre weiße Farbe. Dadurch werde sie klarer, bleibe aber dennoch fest. Wenn dann wieder Kälte darauf treffe, verfestige sie sich noch mehr und werde noch klarer. Hildegard fährt fort:

> „Diese Masse ist so stark, daß sie auch durch Hitze nicht mehr zerstört werden kann, obwohl das ganze sie umgebende Eis geschmolzen ist. So entsteht der Kristall.“ (*Physica*)

Für medizinische Zwecke empfiehlt Hildegard den Bergkristall vor allem bei Augenleiden, Kropf, Herzbeschwerden, Magenschmerzen und Nesselsucht.

Flußperlen

Perlen bestehen aus Kalziumkarbonat und sind nicht mineralischer, sondern organischer Natur. Sie sind undurchsichtig und in den oberen Lagen durchschimmernd. Süßwasserperlen – also Perlen, die in Muscheln in Flüssen und Teichen wachsen – sind für den heutigen Perlenhandel nur von untergeordneter Bedeutung. Allerdings hat China eine sehr alte Tradition der Flußperlenfischerei. Das wichtigste Gebiet zur Gewinnung von Flußperlen ist heute Nordamerika.

Hildegard von Bingen schreibt über die Entstehung von Flußperlen, die sie *margaritae* nennt, folgendes:

> „In den Flüssen gibt es gewisse salzige Wasserströmungen, aus denen die Perlen entstehen. Das ölige Fett dieser Flüsse sinkt gemeinsam mit ihrem Salzbestandteil in den Sand. Dadurch wird das darüberstehende Wasser gereinigt. Das Fett verbindet sich mit dem Salz zu Flußperlen. Diese sind rein." (*Physica*)

Hildegard empfiehlt Flußperlen vor allem gegen Kopfschmerzen.

Perlen

Die aus Salzwassermuscheln stammenden Perlen bestehen ebenso wie die Flußperlen aus Kalziumkarbonat und sind organischer Natur. Obwohl es sich bei ihnen nicht um Edelsteine handelt, wurden sie früher jedoch – wie der Bernstein – als Heilmittel der Edelsteinmedizin betrachtet. Wie Flußperlen sind Perlen undurchsichtig und in ihren oberen Lagen durchschimmernd. Wir finden sie in den Farben Weiß, Rosa, Silbergrau, Gelblich, Grünlich und Schwarz.

Perlen wachsen in austernartigen Meeresmuscheln, die in küstennahen Gebieten leben. Sie entstehen, wenn ein kleiner Fremdkörper – etwa ein Sandkorn – in das Muschelinnere gelangt. Die Muschel umhüllt diesen Fremdkörper mit Perlmutter (kohlensaurem Kalk) und Conchyn – dies ist eine Hornsubstanz, die das Perlmutter zusammenhält. Noch heute werden

Muscheln in vielen Gegenden mühsam von Perlentauchern (oft Frauen) an die Oberfläche gebracht. Allerdings enthält selbst in ertragreichen Perlengebieten nur ungefähr jede 40. Muschel eine Perle. Die wesentlichsten Fundorte sind die Küstengebiete des Indischen Ozeans, des Persischen Golfes, die Küsten Australiens und Japans sowie Mittelamerikas.

Schon früh entdeckten die Menschen das Geheimnis des Perlenwachstums und praktizierten kleine Fremdkörper unter die Muschelschalen. So konnten sie künstlich den Prozeß hervorrufen, der Perlen entstehen läßt. Auf diese Weise entstandene Perlen nennt man Zuchtperlen. Während Naturperlen jährlich nur eine Schicht von etwa 0,09 Millimetern Dicke bilden, wachsen Zuchtperlen um 0,15 Millimeter pro Jahr – auf manchen Südseefarmen sogar um 1,5 Millimeter.

Da Perlen aus organischer Substanz bestehen, sind sie sehr empfindlich. Wenn sie zu trocken sind – beispielsweise, wenn sie lange nicht getragen wurden –, verlieren sie ihren Glanz. Bei zu großer Feuchtigkeit dagegen können sie quellen oder sogar verwesen.

In der Ayurveda-Medizin wurde vor allem die Asche von Perlen verwendet. Diese galt als „Balsam für die Augen“ und sollte einen strahlenden Blick bewirken. Auch bei chronischem Fieber, Bluthochdruck, Herzbeschwerden und Verdauungsstörungen wurde sie verordnet. In China wurden noch bis in neueste Zeit pulverisierte Perlen gegen Kopfschmerzen eingenommen. Sie sollen angeblich auch die Fruchtbarkeit erhöhen.

Hildegard von Bingen hat eine ziemlich genaue Vorstellung von der Entstehung der Perlen:

> „Die Perlen wachsen in gewissen Muscheltieren. Diese leben in Schalen und in bestimmten großen Flüssen.“ (*Physica*)

Die Muscheln, die nahe am Boden lebten, könnten ihrer Meinung nach giftig sein durch den Unrat, den sie aufnehmen. Sie bildeten trübe Perlen, die von keinem medizinischen Nutzen seien.

> „Aber einige dieser Tiere halten sich gewöhnlich in der Flußmitte auf, wo das Wasser rein ist. Dort ziehen sie weniger Unrat an sich und enthalten deshalb auch weniger Gift." (*Physica*)

Trotzdem schreibt sie auch diesen Perlen keinen medizinischen Nutzen zu, „weil sie dem Menschen mehr Krankheit als Gesundheit bringen". Hildegard warnt sogar davor, Perlen auf der bloßen Haut zu tragen, weil schon dadurch deren Gift auf den menschlichen Körper übergehen könnte.

Karneol

Der Karneol besteht wie beispielsweise auch der Jaspis und der Chrysopras aus Kieselsäure. Wie die beiden genannten Steine gehört auch er zu der Mineralgruppe der Chalzedone. Der Karneol ist durchscheinend, und man findet ihn in den Farben Gelbrot bis Dunkelrot. Die wichtigsten Fundorte befinden sich in Indien, Brasilien, Uruguay, Nordafrika, Sibirien, Japan und Queensland/Australien.

Als Glücksstein sollte der Karneol gegen Unfälle schützen und die Wirkung von Giften aufheben. Mohammed trug der Sage nach einen Karneol, weil dieser Genügsamkeit und Mildtätigkeit bewirke. Albertus Magnus sagte von diesem Stein, daß er die Seele von schwermütigen Gedanken befreie und die Dämonen der Furcht vertreibe. Noch heute trägt man ihn – vor allem in südlichen Ländern – als Talisman gegen den „bösen Blick". Goethe schrieb in *Westöstlicher Diwan*: „Talisman in Karneol/ Gläubigen bringt er Glück und Wohl." Der Dichter Theodor Körner ordnet in seinem Gedichtzyklus *Die Monatssteine* den Karneol dem Juli zu:

„Ein feuerlebendiger Venussohn,
Der in guten, glücklichen Stunden geboren,
Hellglühend wie heißer Minne Lohn.
Er kräftigt das Herz und stärkt das Gemüt,
Daß es neu im Leben und Lieben glüht.“

Die antike Medizin verwendete den Karneol zur Behandlung von Kreislauferkrankungen und auch zur Blutstillung.

Hildegard von Bingen äußert sich über die Entstehung des Karneols nur sehr kurz:

> „Der Karneol stammt mehr von der warmen als von kalten Luft. Er wird im Sand gefunden.“ (*Physica*)

Sie empfiehlt den Stein bei Nasenbluten.

Alabaster

Beim Alabaster handelt es sich um eine feinkörnige, durchscheinende Varietät des Minerals Gips. Es ist weiß bis grau, gelblich, rötlich oder grünlich, aber auch marmoriert.

Hildegard von Bingen äußert sich über den Alabaster, dem sie jede Heilwirkung abspricht, sehr lapidar:

> „Der Alabaster ist weder richtig warm noch richtig kalt. Er ist sozusagen lauwarm, so daß sich keine Heilwirkung in ihm findet.“ (*Physica*)

Kalk

Auch Kalk gehört natürlich nicht zu den Edelsteinen, wurde aber trotzdem in das *Buch von den Steinen* aufgenommen. Hildegard von Bingen schreibt darüber:

„Der Kalk ist warm. Wenn er entzündet wird, entsteht daraus gebrannter Kalk. Auch dieser ist warm. Denn wenn der Kalk durch die Hitze zu Pulver geworden ist, wird er noch stärker und verbindet durch sein Feuer Erde und Sand." (*Physica*)

Hildegard warnt davor, Kalk zu essen, empfiehlt ihn aber als Salbenbestandteil zusammen mit Aloe, Myrrhe und Wachs gegen Entzündungen.

Die übrigen Steine

Viele auch im Mittelalter schon bekannte Steine werden von Hildegard in ihrem Buch nicht erwähnt. Dazu gehören z. B. Granat, Lapislazuli, Mondstein, Opal, Türkis und Turmalin. Der größte Teil dieser Steine wird in der Ayurveda-Medizin und in der modernen Edelsteintherapie verwendet.

Die Steine, die Hildegard von Bingen unter der Überschrift „Die übrigen Steine" zusammenfaßt, sind keine Edelsteine, und sie mißt diesen Steinen auch keinerlei medizinischen Nutzen bei. So schreibt sie:

„Die übrigen Steine, die in verschiedenen Böden und Gegenden entstanden sind, und die die unterschiedlichen Farben und Eigenschaften der Böden in sich tragen, in denen sie entstanden sind, sind zu Heilzwecken kaum geeignet. Es handelt sich dabei um Marmor, Sandstein, Kalksandstein, Tuffstein, Feldstein und ähnliche. Sie enthalten zuviel Feuchtigkeit, die nicht durch die richtige Trockenheit gemildert ist. Oder sie enthalten zuviel Trockenheit, die nicht durch die richtige Feuchtigkeit befeuchtet wird." (*Physica*)

Die Welt der Metalle

EIN GROSSTEIL der in der Natur vorkommenden Elemente zählt zu den Metallen (insgesamt 67). Die Metalle können untereinander Legierungen bilden, die dann ebenfalls als Metalle bezeichnet werden. Außer dem flüssigen Quecksilber befinden sich alle Metalle bei normalen Temperaturen im festen Aggregatzustand. Sie sind durch Walzen, Schmieden, Pressen usw. plastisch verformbar.

Historische Bedeutung

Das Vorkommen und die Verwendung von Metallen waren für die Geschichte der Menschheit so bedeutungsvoll, daß große Epochen der Vorgeschichte nach den für Werkzeuge nutzbaren Metallen benannt wurden (Kupferzeit, Bronzezeit, Eisenzeit).

Unsere Sprache gibt uns viele Hinweise auf die mythologische Besetzung der einzelnen Metalle: „treu wie Gold“, „Reden ist Silber, Schweigen ist Gold“, „bleischwere Glieder“ sind nur einige Beispiele. Metalle waren nicht nur für Waffen und Werkzeuge wichtig, sondern – besonders die Edelmetalle – auch für die Insignien der Herrscher: Krone und Zepter waren grundsätzlich aus Gold. Auch die heiligen Gerätschaften der Kirche bestanden aus Gold und Silber (Kelch, Tabernakel usw.).

Die Entstehung der Metalle – aus der Sicht Hildegards von Bingen

Über die Entstehung der Metalle berichtet Hildegard von Bingen im neunten Band ihrer *Physica*, das den Titel *Buch von der Art der Metalle* hat:

„Gott brachte bei der Weltschöpfung die Geister mit einem Hauch zum Fließen. Daraufhin drangen sie in die Wasser ein, welche die Erde überschwemmten, und festigten sie."

Sie fährt fort:

„Als die feurige Kraft, die im Wasser enthalten ist, die Erde durchdrang, da wandelte die Hitze dieses Wassers die Erde in Goldsubstanz um. Wo aber die Reinheit der Wasserüberschwemmung die Erde durchdrang, verwandelte sie die Erde in Silbersubstanz. Und wo die von Winden bewegte Wasserflut die Erde durchdrang, wandelten sich Wasser und Erde in die Substanz des Eisens und des Stahls. Daher sind auch Stahl und Eisen härter als die anderen Substanzen, genauso wie die von Winden bewegten Wasser stärker sind als die Ruhe eines Lufthauchs."

Die Metalle der Hildegard von Bingen

Gold

Gold ist ein rötlichgelbes, außerordentlich weiches und dehnbares Metall. Fundstätten sind hauptsächlich in Südafrika, den USA, Kanada und Brasilien. Das Gold gehört neben dem Kupfer zu den ältesten vom Menschen verwendeten Metallen.

Die Bezeichnung Gold stammt aus dem Althochdeutschen und bedeutet „das Glänzende". In der Antike und im Mittelalter galt das Gold als lebensverlängerndes Mittel. Aber auch schon im alten Indien kannte man ein goldhaltiges Lebenselixier. Im Volksglauben sollte es gegen Zauberei und den „bösen Blick" helfen. Paracelsus (1493–1541) verwendete es zur Behandlung von Herzkrankheiten. Übrigens sind auch im Weizen Spuren von Gold enthalten.

Gold ist der Sonne zugeordnet. Es repräsentiert die Ich-Kräfte des Menschen. „Treu wie Gold", ein „goldenes Herz", die „goldene Jugend", „goldrichtig" sind Redewendungen, in denen die tiefe Weisheit unserer Sprache aufscheint. Nicht von ungefähr sind Eheringe aus Gold, und das Herz ist die stoffliche Analogie zur Sonne im menschlichen Körper.

In der modernen Medizin werden zur Rheumabehandlung mitunter Goldsalzinjektionen eingesetzt, die allerdings nicht sehr wirkungsvoll zu sein scheinen. Die Homöopathie arbeitet ebenfalls mit Gold.

Hildegard von Bingen schreibt über Gold:

> „Das Gold ist warm und hat eine ähnliche Natur wie die Sonne. Es ist von der Luft." (*Physica*)

Hildegard empfiehlt das Gold zur Behandlung von Gicht, Magen- und Ohrenbeschwerden.

Silber

Silber ist ein weißglänzendes, weiches und leicht verformbares Metall. Von allen Metallen besitzt es die höchste Leitfähigkeit für Elektrizität und Wärme. Silbervorkommen finden sich vor allem in Mexiko, den USA, Peru, Rußland, Kanada und Australien.

Im 3. vorchristlichen Jahrtausend war Silber in Mesopotamien begehrter als Gold. Schon früh wird Silber in der medizinischen Literatur erwähnt, aber erst Paracelsus verwendete es in größerem Umfang. Im Altertum und im Mittelalter wurde es vorwiegend als innerliches Arzneimittel geschätzt, besonders zur Behandlung von Herzkrankheiten.

Das Silber ist dem Mond zugeordnet. Es repräsentiert die Reaktions- und Reflexionsmöglichkeiten des Menschen. Bei der Herstellung eines Spiegels wird die Rückseite der Glasscheibe mit einer dünnen Silberschicht überzogen – so erst kann sie unser Bild reflektieren. Auch der Mond ist ein Reflektor, der

das Licht der Sonne auffängt und widerspiegelt. Überträgt man diesen Begriff der Widerspiegelung auf die seelischen Möglichkeiten des Menschen, stößt man auf den Begriff der Reaktion. Da unser Reaktionsvermögen eng mit dem Gefühlsleben verbunden ist, beherrscht der Mond alle Prozesse, die sich auf Emotionen und Empfindungen beziehen.
Die körperliche Entsprechung des Silbers ist der Magen – er ist im Verdauungstrakt das erste Organ, das stoffliche Eindrücke (Nahrung) zu verarbeiten, also auf sie zu reagieren hat.

Über das Silber schreibt Hildegard von Bingen:

> „Das Silber ist kalt, weil es jenen kalten Wind in sich trägt, der auch die Erde abkühlen läßt.“ (*Physica*)

Hildegard empfiehlt Silber zur Behandlung von Säfteüberfluß, der sich beispielsweise in vermehrtem Speichelfluß äußert. Sie rät jedoch davon ab, pulverisiertes Silber zu essen. Dagegen merkt sie an:

> „Wenn jemand Speise und Trank von einem Silbergefäß zu sich nimmt, bringt ihm dies zwar keinen Nutzen, aber es schadet ihm auch nicht.“ (*Physica*)

Blei

Blei ist ein blaugraues, an frischen Schnittflächen silberhell glänzendens, dehnbares Schwermetall. Es läßt sich gießen, pressen und walzen. Gediegenes Blei kommt in der Natur nur selten vor. Meistens findet es sich in Verbindungen mit anderen Metallen. Der Bleigehalt der Erzlagerstätten, die heute abgebaut werden, beträgt selten mehr als 5 Prozent. Die wichtigsten Bleiförderländer sind Rußland, Australien, die USA, Kanada, Mexiko und China. Auch in Deutschland wird Blei abgebaut, deckt aber nur ein Fünftel des Bedarfs. Fast die Hälfte des Bleis wird für die Herstellung von Akkumulatoren verwendet, außerdem braucht man es in der chemischen Industrie. Von zunehmender Bedeutung ist Blei für den Strahlenschutz als Abschirmstoff für Röntgen- und Gammastrahlen.

Das Blei ist dem Planeten Saturn zugeordnet. Dieser steht für die Begrenzung und Formgebung im menschlichen Leben. So hat Saturn auch eine besondere Beziehung zum Knochengerüst, das dem Körper seine Gestalt und seine Form gibt. Außerdem steht alles, was den Körper verhärtet, unter dem Einfluß dieses Metalls – etwa Verkalkung und Verstopfung und die Steinbildung. Zudem besteht eine Beziehung zur Schwerkraft – so sagt man, daß einem die Glieder „schwer wie Blei" seien.

Blei wurde als eines der ältesten Gebrauchsmetalle schon 3 000 v. Chr. in Ägypten und Vorderasien gewonnen, später auch in Spanien und Mitteleuropa. Es war vor allem ein Hilfsmittel zur Gewinnung von Silber, wurde aber auch zur Herstellung von Schleudergeschossen, Wasserleitungsrohren und später für Schreibtafeln verwendet. Einige Blei-Verbindungen wurden in Ägypten und Rom als Arzneimittel und Schminke verwendet. In der homöopathischen Medizin werden Bleipräparate gelegentlich bei rheumatischen Erkrankungen und bei gewissen Formen der Blutarmut eingesetzt.

Blei und alle Bleiverbindungen sind hochgiftig. Das gilt auch für Bleikristall, aus dem sich z. B. durch Alkohol Spuren lösen und mit dem Getränk in den menschlichen Organismus eingehen können.

Auch Hildegard von Bingen rät vom Gebrauch von Blei- oder bleihaltigem Geschirr ab. Sie begründet dies folgendermaßen:

> „Das Blei ist kalt. Es würde dem Menschen schaden, wenn es auf irgendeine Weise in seinen Körper gelangte. Dies würde es bewirken durch die Kälte, die es in sich trägt, und weil es roh ist und gewissermaßen ein Abschaum und Auswurf anderer Substanzen." (*Physica*)

Zinn

Zinn ist ein silberweißes, stark glänzendes, sehr weiches und dehnbares Metall, das sich zu dünnen Folien (Stanniol) auswalzen läßt. Zinn kommt in der Natur selten gediegen vor, findet sich aber in verschiedenen Mineralen (z. B. in Zinnkies). Zinn ist ein wichtiges Gebrauchsmetall, das zur Herstellung technischer und kunstgewerblicher Gegenstände verwendet wird. Als technischer Werkstoff wird Zinn heute jedoch immer mehr durch Aluminium verdrängt. Fast die Hälfte der gesamten Zinn-Produktion dient der Verzinnung von Metallen zum Schutz gegen Korrosion. Größte Zinn-Produzenten sind China, Brasilien, Malaysia und Rußland.

Zinn wurde zuerst als Legierung mit Kupfer (Bronze) bekannt; daher stammt auch der Begriff „Bronzezeit". Die Gewinnung von Bronze durch gemeinsame Verhüttung von Kupfer- und Zinn-Erzen im 3. Jahrtausend v. Chr. ging der Gewinnung des reinen Zinns voraus.

Aufgrund seiner Verträglichkeit mit Lebensmitteln wurde Zinn vom Mittelalter bis zum Biedermeier für Geschirr verwendet. Wegen seiner Sprödigkeit mußte es aber mit anderen Metallen legiert werden, wozu besonders das (giftige) Blei geeignet war. Im Mittelalter wurde Zinn für Pilgerzeichen, Ampullen für geweihte Öle, Beschläge an Reliquienkästchen und bei liturgischen Gegenständen verwendet.

Das Zinn ist dem Planeten Jupiter zugeordnet. Dieser verleiht die Anlage zu guter Gesundheit und ein starkes Regenerationsvermögen. Er beherrscht auch den Geschmackssinn. Es ist eine interessante Tatsache, daß sich der größte Teil des in unserem Körper enthaltenen Zinns in der Zungenspitze befindet.

Hildegard lehnt – ebenso wie das Blei – auch Zinn für Tafelgeschirr ab, „weil es für ihn (den Menschen) fast wie Gift ist". (*Physica*) Sie schreibt über das Zinn:

„Das Zinn ist mehr kalt als warm. Wenn ein Mensch Zinn auf seine Haut legt, so daß Haut und Körper sich davon erwärmen, macht es seinen Körper krank wegen seiner Kälte.“ (*Physica*)

Im medizinischen Bereich läßt Hildegard Zinn lediglich in Form von Asche für die Behandlung von Schwellungen im Augenbereich gelten.

Kupfer

Kupfer ist ein hellrotes, glänzendes und verhältnismäßig weiches, sehr zähes, dehnbares Schwermetall, das sich zu feinstem Draht ausziehen läßt. Härte und Festigkeit werden durch Beimengungen häufig wesentlich verbessert. Deshalb wird Kupfer schon seit langem mit anderen Metallen legiert, vor allem mit Zinn zu Bronze und mit Zink zu Messing.

Kupfer kommt in der Natur relativ selten in reiner Form vor. Abbauwürdige Lagerstätten müssen wenigstens 1 Prozent

Kupfer enthalten. Wichtige Kupfervorkommen finden sich in den USA und in Kanada, Sambia, Zaire und Chile. Kupfer wird vor allem in der Elektroindustrie verwendet, wegen seiner guten Wärmeleitfähigkeit aber auch für Heiz- und Kühlschlangen. Weitere Verwendung findet Kupfer zu Münzzwecken. Große Mengen von Kupfer werden zu Messing und anderen Kupferlegierungen verarbeitet. Kupfer wird als das erste Gebrauchsmetall angesehen. Es wurde zuerst in gediegener Form zu Schmuck verarbeitet.

Kupfer ist für pflanzliche und tierische Organismen ein wichtiges Spurenelement. Auch für den menschlichen Körper ist es von großer Bedeutung. Die höchsten Kupferkonzentrationen finden sich hier in der Leber und in den Knochen, auch das Blut enthält eine Reihe von Kupfer-Proteinen.

Das Kupfer ist dem Planeten Venus zugeordnet. Dieser repräsentiert all jene Lebensprozesse, die man unter dem Begriff „Bindung“ zusammenfassen könnte. Die körperliche Entsprechung dazu ist die Haut, die auch eine Verbindung – nämlich zwischen Innenwelt und Außenwelt – herstellt. Im Fall einer kranken und empfindlichen Haut kann man häufig feststellen, daß der betreffende Mensch Probleme damit hat, Bindungen einzugehen. Auch Verkrampfungen – besonders in Form von Krampfadern – können Folge solcher Probleme sein. Da man Kupfer als Regulator der menschlichen Kontaktfähigkeit bezeichnen kann, ist hier ein Weg zur Harmonisierung der genannten Probleme aufgezeigt. Die einfachste Möglichkeit ist wohl das Tragen von Kupferschmuck. Darüber hinaus ist es aber auch ratsam, kupferreiche Kost (Hafer!) zu bevorzugen. Nach Rücksprache mit dem Arzt kann man auch zu homöopathischen Kupfer-Präparaten greifen.

Hildegard von Bingen schreibt über das Kupfer:

„Das Kupfer ist warm und kühlt schnell ab. Es ist wie Goldasche, nämlich wie die Asche, die von glühenden Kohlen fällt.“ (*Physica*)

Hildegard empfiehlt Kupfer zur Behandlung von Fieber und Gicht.

Aber Kupfer habe – laut Hildegard – nicht nur für den Menschen einen gesundheitlichen Wert. Auch bei Tierseuchen aller Art könne es wirksam eingesetzt werden. Dazu werfe man einen großen Kupferbrocken in einen Topf, übergieße ihn mit Wasser und bringe dieses zum Kochen. Mit dem warmen Wasser wird das Viehfutter besprengt.

Messing

Messing ist ein Sammelbegriff für Kupfer-Zink-Legierungen. Es ist meistens gut verarbeitbar und verformbar sowie korrosionsbeständig. Seine Farbe kann zwischen Rot, Gold und Silbergrau liegen. Aus Messing werden vor allem Armaturen, Schiffsbauteile und Beschläge hergestellt. Messing wurde schon im 3. Jahrtausend v. Chr. in Babylonien und Assyrien produziert.

Hildegard von Bingen beschreibt die Art dieser Legierung in einprägsamer Weise:

„Das Messing ist warm. Es ist aus etwas anderem hergestellt, so wie der Kalk aus Stein gemacht wird. Weil es von seiner Natur her nicht Messing ist, sondern aus einem anderen Metall hergestellt wurde, ist es wie ein Soldat, der von seiner Natur her nicht Soldat ist, sondern zum Soldaten gemacht wurde.“ (*Physica*)

Deshalb hält Hildegard Messing als Heilmittel nicht für geeignet, sondern glaubt, daß es mehr schadet als nützt. Sie rät auch vom Tragen von Messingschmuck ab, weil man sich dadurch eher eine Krankheit zuziehen als seiner Gesundheit nützen könne.

Eisen

Eisen ist das wichtigste Gebrauchsmetall. Es ist silberweiß, verhältnismäßig weich und dehnbar. Verwendung findet das Eisen fast ausschließlich in Form von Legierungen (Gußeisen, Stahl usw.). Wahrscheinlich ist Eisen das wichtigste Element der gesamten Erde. Diese besteht ihrem Gewicht nach aus etwa 40 Prozent Eisen. Allein der Erdkern besteht – wiederum dem

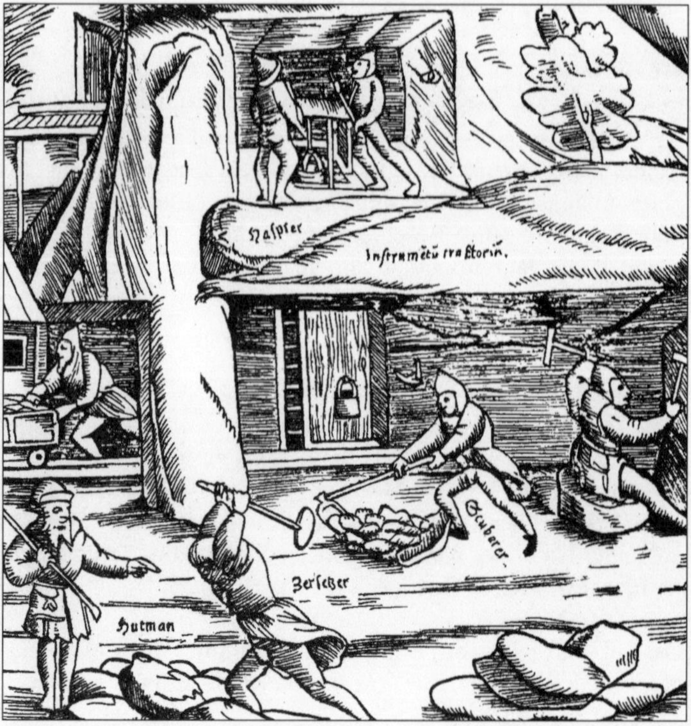

Gewicht nach – zu 90 Prozent aus Eisen! Hauptfördergebiete für Eisen sind Rußland, Brasilien, China, Australien, die USA und Schweden.

Geschichtlich tritt das Eisen erst verhältnismäßig spät in den Bereich der von Menschen verwendeten Materialien. Es wurde in vorgeschichtlicher Zeit („Eisenzeit") erst gewonnen und verarbeitet, nachdem die Bronze bereits bekannt war. Die Eisen-Gewinnung bedeutete für den Menschen einen wichtigen kulturellen Fortschritt. Durch dieses Metall wurde es möglich, bessere Werkzeuge zu fertigen und mit ihnen schneller und besser zu arbeiten. Seit seiner ersten Gewinnung wurde Eisen auch zu Waffen verarbeitet.

Eisen gehört zu den lebenswichtigen Spurenelementen für den menschlichen und tierischen Organismus. Es ist zur Bildung des roten Blutfarbstoffs Hämoglobin notwendig, in dem es der Sauerstoffübertragung dient. Eisen-„Speicher" befinden sich vor allem in Leber, Milz und Knochenmark. Durch Blutverluste (Unfall, Menstruation usw.) kann es zu Eisenmangel kommen. Dieser äußert sich z. B. durch Mattigkeit, Kopfschmerzen und rissige Haut.

Das Eisen ist dem Planeten Mars zugeordnet. Es repräsentiert die menschlichen Willenskräfte. Eisen hat schon im Alltag viel mit Kraft zu tun. Dem entspricht die Bedeutung des Eisens für unseren Körper. Unser wichtigster Eisenspeicher ist die Leber, in der man sich nach alter Überlieferung auch den Sitz des Willens zu denken hat. Eisen hat eine energieübermittelnde Funktion, da es den in den Lungen aufgenommenen Sauerstoff mit Hilfe der roten Blutkörperchen unter anderem den Muskeln zuführt. Durch Eisenmangel kommt es zu Blutarmut und infolgedessen zu einem Erlahmen der Tatkraft.

Kompensierendes Eisen kann man in Form einer Metallscheibe an einer Kette oder Schnur am Körper tragen, man kann es sich auch in Form eisenreicher Nahrungsmittel (Brennesseln!) und – nach Rücksprache mit dem Arzt – in homöopathischen Eisenpräparaten zuführen.

Das Eisen gehört neben Gold und Kupfer zu den wenigen Metallen, die Hildegard von Bingen als Medikament empfehlen kann. Sie schreibt:

> „Das Eisen ist von Natur aus sehr warm, und deshalb ist es stark. Seine Wärme ist zu vielem nützlich. Wenn jemand Eisen bei sich hat, so daß sein Körper sich davon erwärmt, wird er dadurch weniger geschädigt als durch Zinn. Denn das Eisen ist warm und von richtiger Zusammensetzung, wenn seine Wärme vom Feuer erregt wird." (*Physica*)

Hildegard empfiehlt das Eisen zur Behandlung von Magenbeschwerden.

Stahl

Stahl ist die allgemeine Bezeichnung für metallische Werkstoffe, die zum größten Teil aus Eisen bestehen. Er ist der wichtigste Konstruktionswerkstoff in nahezu allen Bereichen der Technik. Schmiedbares Eisen, also Stahl, wurde etwa seit der Mitte des 2. Jahrtausends v. Chr. erzeugt.

Hildegard von Bingen schreibt über den Stahl:

> „Der Stahl ist sehr warm und am stärksten in der Verbindung mit Eisen. Er bezeichnet sozusagen die Göttlichkeit Gottes. Deshalb flieht und meidet ihn auch der Teufel." (*Physica*)

Hildegard empfiehlt den Stahl vor allem als Schutz gegen Vergiftungen, weil erhitzter Stahl, in eine Speise getaucht, das Gift neutralisieren bzw. seine Wirkung mildern könne. In einer Zeit, da Giftmorde wesentlich häufiger waren als heutzutage, suchte man verständlicherweise nach Mitteln und Wegen, sich vor solchen Anschlägen zu schützen. Leider wird Hildegards Rezept niemandem geholfen haben.

Beschwerden und ihre Heilung

Rezepte der Hildegard von Bingen

Wichtig!
Bevor Sie die folgenden Rezepte anwenden, sollten Sie unbedingt einige Punkte beachten:

- Bei unklaren Symptomen – vor allem, wenn diese über einen längeren Zeitraum auftreten – sollten Sie unbedingt einen Arzt aufsuchen.
- Die angegebenen Rezepte sollten nur bei leichten gesundheitlichen Störungen (leichte Kopfschmerzen, Nasenbluten, Insektenstiche usw.) ohne ärztlichen Rat angewendet werden. Bei schwerwiegenderen Erkrankungen können sie begleitend eingesetzt werden. Halten Sie darüber mit Ihrem Arzt Rücksprache.
- Alle von Hildegard von Bingen angegebenen Rezepte sind aus dem Wissensstand ihrer Zeit heraus zu verstehen. In vielen Fällen werden Angaben über eine zeitgemäße Modifizierung gemacht.
- In den Bänden *Gesundheitsfibel* und *Pflanzen- und Kräuterkunde* finden sich weitere Rezepte zur Behandlung der einzelnen Erkrankungen. Auf diese wird unter „Weitere Maßnahmen nach Hildegard von Bingen" hingewiesen.

Augenleiden
Unter Augenleiden ist eine Vielzahl von Störungen zu verstehen – etwa eine verminderte Sehfähigkeit, Starerkrankungen, geschwollene Augen usw. Konsultieren Sie Ihren Augenarzt, um Sehfehler festzustellen.
Oft ist aber auch ein Ungleichgewicht im Allgemeinbefinden Auslöser des Augenleidens. Auch Streß – im beruflichen oder privaten Bereich – kann zu Sehstörungen führen. Nicht ohne

Grund heißt es, daß die Augen der Spiegel unserer Seele seien. Durch Streß kann es z.B. zu einer Erhöhung des Augeninnendrucks kommen. Dies ist ein alarmierendes Symptom, denn so kann der Sehnerv zerstört werden.
Normalerweise sind die Augen durch einen recht einfachen Mechanismus vor Überdruck geschützt: In ihrem Innern wird ständig eine klare Flüssigkeit – das Kammerwasser – gebildet. Es gleicht natürliche Druckschwankungen innerhalb des Tages dadurch aus, daß es schneller abfließt, sobald ein bestimmter „Pegel" erreicht ist. Durch krankhafte Veränderungen können die Abflußkanäle aber verstopfen. Dann staut sich das Kammerwasser, und dadurch steigt der Augendruck immer mehr an. Er kann sich so bedrohlich erhöhen, daß er nach und nach die empfindlichen Fasern des Sehnervs zerquetscht. Das führt zu Glaukom oder grünem Star. Dafür sind häufig psychosomatische (seelisch-körperliche) Erkrankungen die Ursache.
Plötzliche Kontaktlinsen-Unverträglichkeiten, trockene oder ständig tränende Augen, chronische Bindehautentzündungen oder Lidkrämpfe können sich einstellen. Oft helfen hier eine Psychotherapie oder Entspannungsübungen wie etwa das autogene Training.
Auch Heuschnupfen, Allergien, Computerarbeit usw. können zu Sehstörungen führen. Manchmal sind auch Schlafstörungen der Auslöser für Sehstörungen.

Am einfachsten ist nach den Angaben von Hildegard von Bingen die Anwendung eines Bergkristalls:

> „Man wärme einen Kristall an der Sonne und lege ihn oft auf die Augen. Weil er vom Wasser stammt, zieht er die üblen Säfte aus den Augen und man kann besser sehen." (*Physica*)

Gegen „trübe Augen" empfiehlt Hildegard den Hyazinth. Wer unter Sehstörungen leidet, die auch mit Eiterungen verbunden sein können, „halte einen Hyazinth gegen die Sonne. Der Stein erinnert sich sogleich daran, daß er vom Feuer abstammt und erwärmt sich schnell. Darauf befeuchte er ihn mit ein wenig Speichel und lege ihn rasch auf die Augen, damit diese sich erwärmen. Das mache er oft, und die Augen werden hell und gesund". (*Physica*)

Der Saphir wird in ähnlicher Weise verwendet wie der Hyazinth. Man nimmt auf nüchternen Magen einen Saphir in den Mund und befeuchtet diesen mit seinem Speichel. Dann gibt man ein wenig von diesem Speichel auf einen Finger und umstreicht die Augen so, daß auch der Augapfel etwas von dem „Saphirspeichel" erhält.

Bei derselben Indikation kann auch der Onyx helfen. Bei diesem Rezept gießt man naturreinen Wein in ein Gefäß aus Bronze, Kupfer oder Stahl, wie Hildegard empfiehlt. Unsere modernen Edelstahlgefäße sind also zur Herstellung dieses „Augenweins" besonders gut geeignet:

> „Man lege den Onyx in diesen Wein und beize ihn darin fünfzehn bis dreißig Tage lang. Dann nehme man den Stein aus dem Gefäß, lasse aber den Wein darin. Mit diesem Wein bestreiche man Nacht für Nacht die Augenlider. Die Augen werden sich erhellen und gesund werden." (*Physica*)

Auch der Topas wird zusammen mit Wein verwendet. Man legt ihn drei Tage lang in etwas naturreinen Wein. Hildegard rät einem Menschen mit Augenleiden:

> „Wenn er schlafen geht, bestreiche er mit dem feuchten Topas seine Augen so, daß etwas von der Flüssigkeit auch den Augapfel berührt." (*Physica*)

Der Wein kann fünf Tage lang verwendet werden. Während dieser Zeit bleibt der Topas nicht darin, sondern wird nur für die jeweilige Behandlung mit Wein befeuchtet. Nach fünf Tagen muß der Topaswein neu angesetzt werden. Dieses Mittel „reinigt die Augen wie die beste Augensalbe". (*Physica*)

Weitere Maßnahmen nach Hildegard von Bingen:
Das Betrachten der grünen Natur, Frühlingsapfelbaumblätter, Kompressen mit Fencheltee, Rebtropfen, Rosenblätter.

Blasenleiden

Blasenleiden entstehen oft, wenn man zu leicht bekleidet ist (vor allem im Winter) oder zu enge Kleidung trägt (Jeans usw.). Blasenentzündungen können aber auch durch Infektionen mit Bakterien oder anderen Krankheitskeimen verursacht werden. Die typischen Zeichen sind Schmerzen im Unterleib, Brennen beim Wasserlassen und häufiger Harndrang. Beim Wasserlassen verspüren die Betroffenen ein unangenehmes Brennen, gelegentlich ist der Harn blutig verfärbt. Dies wird durch kleine Blutungen in der Blasenschleimhaut verursacht. Die entzündete Schleimhaut ist hochempfindlich, was zu den Schmerzen führt.

Blasenentzündungen treten nicht nur im Winter, sondern häufig auch im Sommer auf. Grund dafür ist die leichte, luftige Kleidung. Gerät man ins Schwitzen, wird ein kühler Wind als angenehm empfunden. Oft trocknet man sich nach dem Baden nicht genügend ab oder läßt sogar den nassen Badeanzug an. So kommt es zur Unterkühlung. Nun können Bakterien die bei Frauen sehr kurze Harnröhre ungehindert bis zur Blase durchwandern. Hier empfiehlt sich als erste Hilfe warme Unterwäsche und eine Wärmflasche. Sobald wie möglich sollte allerdings ein Urologe aufgesucht werden.

Außerdem ist der nächtliche Harndrang für viele Menschen ein Problem – vor allem, weil er sie am Durch- und Wiedereinschlafen hindert. Oft sind Nervosität, Streß, seelische Belastungen und witterungsbedingte Unterleibserkältungen der Grund für diese nächtliche Ruhestörung.

Bei Männern ab 40 ist oft die geschwollene Prostata schuld an Harndrang und verzögertem Wasserlassen. Dabei handelt es sich um eine gutartige Vergrößerung der Vorsteherdrüse, die durch ein hormonelles Ungleichgewicht verursacht wird. Die geschwollene Drüse drückt dann auf den Harnleiter und behindert so die Blasenentleerung.

Ein weiteres Problem ist die Inkontinenz – das ist der Fachausdruck für ungewollten Harnabgang. Oft kann dieser schon durch Niesen oder Lachen verursacht werden. Diese Störung tritt häufig nach einer Entbindung auf, denn durch Schwangerschaft und Geburt werden Gewebe und Muskeln im kleinen Becken stark gedehnt. Außerdem kann die gesenkte oder vergrößerte Gebärmutter auf die darunterliegende Blase drücken.
Auch Übergewicht belastet die Muskulatur und fördert Inkontinenz. Außerdem gehören Raucherinnen mit chronischem Husten zur Risikogruppe: Der Dauerhusten bewirkt eine Druckerhöhung im Bauchraum, wodurch Beckenboden- und Blasenmuskulatur stark beansprucht werden.
Ein weiterer Grund kann Hormonmangel sein, vor allem in oder nach den Wechseljahren. Auslöser ist die nachlassende Produktion des weiblichen Hormons Östrogen, das die Schleimhäute von Blase und Harnröhre elastisch und feucht hält und für eine gute Durchblutung sorgt.

Bei Schwierigkeiten beim Wasserlassen oder bei Harnverhaltung empfiehlt Hildegard von Bingen den Ligurius, der ja nach ihren Angaben aus dem Harn des Luchses entstanden ist. Der Stein soll für einen Tag in Kuh- oder Schafsmilch (Ziegenmilch ist nicht geeignet) gelegt und am zweiten Tag herausgenommen werden. Die Milch wird aufgekocht und dann getrunken. Wenn dieses Mittel fünf Tage lang angewendet wird, soll es nach Hildegards Worten den Harn lösen.

Weitere Maßnahmen nach Hildegard von Bingen:
Kürbiskerne, mäßiges Essen, Rainfarn-Wein, Storchschnabel-Tee.

Depressionen

Depressionen (früher Melancholie genannt) äußern sich meistens in Niedergeschlagenheit und Antriebslosigkeit. Sie können aber auch begleitet sein von Appetit- und Schlaflosigkeit oder aber zu ungezügelter Eß- und Schlafsucht führen. Zahlreiche weitere körperliche Symptome können die Depression begleiten. Die Ursachen können physischer Natur sein, haben ihren Ursprung aber meistens in der Psyche und benötigen deshalb oft psychotherapeutische Behandlung. Hildegard führt die psychischen Erkrankungen vor allem darauf zurück, daß der Mensch nicht „im richtigen Maß“ lebt. Deshalb ist eine regelmäßige Lebensführung – zu der Momente der Stille und der Meditation gehören – von besonderer Bedeutung.

Zur Edelsteinbehandlung der Depression empfiehlt sie den Onyx, mit dem auch meditiert werden soll:

- „Wenn Traurigkeit dich bedrückt, schaue den Onyx aufmerksam an und lege ihn dann in deinen Mund. Die Bedrückung deines Geistes wird weichen.“ (*Physica*)

Weitere Maßnahmen nach Hildegard von Bingen:
Bertramgewürz für alle Speisen, Dinkeldiät, Haferdiät, Kompressen mit Himmelsschlüssel, Nervenkekse (Muskat, Zimt, Gewürznelken mit Dinkel), Storchenschnabelpulver, süße Mandeln, Süßholz, Wein, Honig und Mineralwasser vermeiden, Weinraute, Veilchenelixier.

Epilepsie

Bei der Epilepsie handelt es sich um eine plötzlich einsetzende Funktionsstörung des Gehirns, die meistens mit Bewußtseinsstörungen einhergeht und von abnormen Bewegungsabläufen (Krämpfe, Zuckungen) begleitet ist. Manchmal sind Erkrankungen des Gehirns selbst (Blutungen, Entzündungen) die Ursache, aber auch Erkrankungen des Gesamtorganismus, die

z. B. von Stoffwechselstörungen wie Harnvergiftungen herrühren. Epilepsie kann in manchen Fällen erblich bedingt sein. Mit operativen Eingriffen werden heute gute Heilerfolge erzielt. Auch die medikamentöse Behandlung führt bei etwa 60 Prozent der Patienten zur Anfallsfreiheit. Bei einem Anfall – den der Kranke übrigens oft herannahen fühlt – ist dafür zu sorgen, daß er sich nicht verletzen kann. Man sollte ihn von beengenden Kleidern befreien und weich lagern.

Die Epilepsie (Fallsucht) war früher offensichtlich sehr viel mehr verbreitet als heute. Das mag an den besseren Behandlungsmöglichkeiten in unserer Zeit liegen, vielleicht aber auch daran, daß im Mittelalter unter den Begriff „Fallsucht" auch andere Erkrankungen fielen, wie häufige Ohnmachtsanfälle und dergleichen. Epileptiker sollen sich unbedingt in ärztliche Behandlung begeben!

Hildegard empfiehlt bei der Behandlung von Epileptikern eine Edelsteintherapie mit dem Smaragd, verbunden mit Meditation. Wenn ein Epileptiker nach einem Anfall lang hingestreckt daliegt, solle man ihm einen Smaragd in den Mund legen, damit sein Geist wieder auflebt. Wichtig: Dieser Smaragd sollte unbedingt gut an einem Band befestigt sein, das die helfende Person festhält, damit der Stein nicht etwa von dem Patienten geschluckt wird. Wichtiger ist aber wohl der zweite Teil der Behandlung. Denn wenn der Kranke sich wieder erholt hat und sich aufrichten kann, soll er den Stein aufmerksam betrachten und folgende Worte sagen:

> „Wie der Geist des Herrn den Erdkreis erfüllt hat, so erfülle er das Haus meines Leibes mit seiner Gnade, damit es nie wieder erschüttert werden kann." (*Physica*)

Diese Meditation sollte der Patient an neun aufeinander folgenden Tagen an jedem Morgen durchführen. Außerdem soll er den Smaragd ständig bei sich tragen.

Auch ein Chrysopras, den der Kranke ständig bei sich trägt, sorgt nach Hildegards Worten für Erleichterung, „weil die Luftgeister nicht ihren Spott mit ihm treiben können, so daß er aus seinem Mund keinen Schaum unter Schmerzen ausstoßen wird“ (*Physica*).
Genauso wirksam ist ihren Worten nach ein Achat.

Weiteres Mittel nach Hildegard von Bingen:
Galgant

Fieber
Unter Fieber versteht man ein Krankheitssymptom, das vor allem in einer Erhöhung der Körpertemperatur über den Normalwert (37,5 Grad Celsius, rektal gemessen) besteht. Dabei kann es zu subjektiver Kälteempfindung (Frösteln) und vor allem bei plötzlichem hohem Fieber zu kurzfristigen Aufheizungsreaktionen in Gestalt einer Verminderung der Wärmeabgabe und Steigerung der Wärmebildung (Schwitzen) kommen.
Die Temperaturerhöhung führt zu einer Steigerung des Stoffwechsels mit Puls- und Atembeschleunigung. Weitere Begleiterscheinungen sind Appetitlosigkeit, Mattigkeit, Benommenheit, Kopfschmerzen, Unruhe und Fieberphantasien. Häufig treten Fieberbläschen (Lippenherpes) auf.
Fieber tritt häufig als Begleiterscheinung von Infektionen auf. Wichtig sind vor allem Schonung, Ruhe und reichliche Flüssigkeitszufuhr zum Ausgleich der Verluste durch Schweißabsonderung.

Das Fieber selbst ist keine Krankheit, sondern tritt als symptomatische Begleiterscheinung bei vielen verschiedenen Erkrankungen auf. Es zeigt, daß der Körper aktiv an der Beseitigung der Krankheitserreger arbeitet – es ist also im Grunde ein positives Zeichen, das möglichst nicht unterdrückt werden sollte. Nur wenn das Fieber zu hoch ist und zu lange anhält oder wenn der Körper insgesamt sehr geschwächt ist, sollten Maßnahmen zur Fiebersenkung getroffen werden. Dies geschieht entweder durch Wadenwickel oder durch Einläufe.

Gegen hohes Fieber empfiehlt Hildegard von Bingen z. B. den Onyx. Dieser soll fünf Tage lang in Essig eingelegt werden, dann nimmt man ihn heraus und würzt mit diesem Essig alle Speisen.

> „Das Fieber wird nachlassen und leicht verschwinden, weil die gute Wärme des Onyx, vermischt mit der Wärme des Essigs, die schädlichen Säfte vertreibt, aus denen die Fieber entstehen." (*Physica*)

Der Chrysolith ist ebenfalls wirksam gegen Fieber. Er wird statt mit Essig zusammen mit Wein verwendet. Dazu wird der Wein erwärmt. Über seinen Dampf hält man den Chrysolithstein, bis er feucht beschlägt. Dieser „Schweiß" wird zum Wein gegeben. Der Wein wird warm getrunken. Danach soll der Chrysolith für einige Zeit – eine „kleine Stunde" – in den Mund genommen werden. Wird diese Prozedur öfter wiederholt, tritt nach Hildegards Worten bald Erleichterung ein. (*Physica*)

Die Verwendung des Topas gegen Fieber, wie sie von Hildegard empfohlen wird, ist eher dem Bereich der Magie als dem der Medizin zuzuordnen. Sie empfiehlt dem Fieberkranken nämlich, mit einem Topas drei kleine Mulden in ein weiches Brotstück zu drücken und etwas Wein in diese zu gießen. Wenn der Wein eingesickert ist, muß neuer Wein nachgegossen werden. Daraufhin soll der Kranke sein Gesicht in dem Wein wie in einem Spiegel betrachten und sagen:

> „Ich blicke mich an wie in jenem Spiegel, in dem die Cherubim und Seraphim Gott anschauen, damit er dieses Fieber von mir nehme." (*Physica*)

Wenn dieses Ritual öfter wiederholt wird, führt dies nach Hildegards Angaben zu einer Heilung des Kranken.

Bei einem anderen Rezept zur Fiebersenkung spielt ebenfalls Brot eine Rolle. Dabei soll ein Prasemstein in etwas Roggenbrotteig eingewickelt werden. Das Ganze wird dann in ein Tuch eingeschlagen und dieses für drei Tage und drei Nächte über den Nabel des Kranken gebunden.
Auch der Rubin kann bei heftigem Fieber auf den Nabel des Patienten gelegt werden. Dies soll um Mitternacht geschehen, weil sich da die Kraft des Steines besonders gut entfaltet. Bei dieser Behandlung sind allerdings einige Vorsichtsmaßnahmen zu beachten:

> „Nimm den Stein nicht früher vom Nabel, als bis der Mensch spürt, daß er von ihm etwas erwärmt worden ist. Dann entferne ihn sofort, weil seine Kraft dann den Menschen und seine Organe stärker durchdrungen hat, als es irgendeine andere Arznei oder Salbe hätte tun können. Sobald der Mensch auch nur die geringste Bewegung oder Veränderung in seinem Körper empfindet, nimm den Stein sofort weg, denn wenn du ihn länger auf dem Nabel ließest, würde seine Kraft den ganzen Körper durchdringen und ihn austrocknen.“ (*Physica*)

Nicht nur Edelsteine, sondern auch ein Metall – nämlich das Kupfer – können Hildegard zufolge hilfreich gegen Fieber eingesetzt werden. Dabei sollte man allerdings möglichst keine Kupfermünzen verwenden, die ja durch den Gebrauch stark verunreinigt sein können, sondern entweder einen anderen Gegenstand aus reinem Kupfer (etwa eine Vase o.ä.) oder ein Kupferblech, wie es zum Kupfertreiben in Fachgeschäften (z. B. in Bastelläden) verkauft wird. Auch Kupferdraht kann benutzt werden. Dieses Rezept wird besonders bei solchen Fieberarten empfohlen, die mit Teilnahmslosigkeit und einem Ekel vor Nahrungsmitteln einhergehen.

> „Man nehme reines Kupfer im Gewicht von fünf Münzen und lege es in Frankenwein, soviel wie eine Pechpfanne faßt. Dann koche man den Wein stark, bis er anfängt, sich

zu vermindern, und nehme ihn dann vom Feuer. Diesen trinke man neun Tage lang mäßig auf nüchternen Magen." (*Physica*)

Anmerkung: Da die kleinste Kupfermünze zu Hildegards Zeit etwa 0,6 Gramm wog, braucht man etwa 3 Gramm Kupfer. Eine Pechpfanne faßte etwa 1/4 Liter.

Weitere Mittel nach Hildegard von Bingen:
Akeleisaft, Aloe, Aronstabwein, Galgant, mäßiges Essen, Meisterwurzwein, Schafgarbe.

Geburt

Für jede Frau ist die Geburt eines Kindes ein ganz besonderes Ereignis – und nicht nur mit verschiedenen Beschwerden, sondern auch mit Ängsten verbunden. Viele Ärzte und Hebammen versuchen, gebärenden Frauen dadurch Mut zuzusprechen, daß sie ihnen erklären, wie viele Frauen schon vor ihnen Kinder bekommen haben. Dabei ist die Geburt eines Kindes für jede Frau etwas Einmaliges und Unvergleichliches – und nicht zuletzt auch etwas Beunruhigendes. Da ist zum einen der Schmerz, der ertragen werden muß, und zum anderen die Sorge, ob das Kind auch gesund zur Welt kommen wird. Mitunter kommt es auch zu Schwierigkeiten während der Geburt, die durch physiologische Gegebenheiten hervorgerufen werden.

Obwohl die Antike wesentliche Erkenntnisse über den Geburtsvorgang hatte und diese auch praktisch in die Gynäkologie einbrachte, war dieses Wissen später wieder in Vergessenheit geraten. Im Mittelalter wußte man nur sehr wenig, was einer gebärenden Frau – vor allem, wenn es sich um eine schwierige Geburt handelte – helfen konnte. Deshalb griff man zu allen möglichen magischen Praktiken. Hildegard von Bingen war, wie der Leser in dem Buch *Die Frauenheilkunde* sehen wird, eine Pionierin auf diesem Gebiet. Ihre Edelsteintherapie ist allerdings noch ganz dem magischen Denken verhaftet.

Das zeigt sich besonders deutlich bei der von ihr vorgeschlagenen Behandlung mit dem Sarder. Wenn eine schwangere Frau so starke Schmerzen hat, daß sie ihr Kind nicht zur Welt bringen kann, soll man ihre Lenden mit dem Stein bestreichen und dabei folgendes sprechen:

> „So wie du, Stein, auf Gottes Geheiß im ersten Engel erstrahltest, so gehe du, Kind, als strahlender Mensch hervor, der in Gott bleibt." (*Physica*)

Dann wird der Stein an die Geburtsöffnung gehalten, wobei die folgenden Worte gesprochen werden:

> „Öffnet euch, Wege und Pforte, aufgrund jener Erscheinung, durch die Christus als Gott und Mensch erschien und die Riegel der Hölle öffnete. So gehe auch du, Kind, durch diese Pforte heraus, ohne daß du stirbst und ohne daß deine Mutter stirbt." (*Physica*)

Danach wird der Sarder in einen Gürtel gebunden, der der Gebärenden umgelegt wird.

Gerade in diesem Rezept zeigt sich deutlich die für das Mittelalter typische Verbindung von Magie und tiefer Gläubigkeit, die ihr Heil im Gebet sucht.

Auch nach überstandener Geburt gibt es für Mutter und Kind noch viele Gefährdungen. Diese müssen nicht unbedingt physischer Natur sein. Hildegard schreibt:

> „Wenn eine Frau ein Kind zur Welt bringt, soll sie von der Stunde der Geburt an während aller Tage ihres Wochenbetts einen Jaspis in ihrer Hand halten. So können die bösen Luftgeister ihr und ihrem Kind weniger Schaden tun. Denn die Zunge der alten Schlange streckt sich nach dem Schweiß des Kindes aus, und daher stellt sie dem Kind und der Mutter in dieser Zeit nach.“ (*Physica*)

Weitere Mittel nach Hildegard von Bingen:
Herzwein

Gelbsucht

Die Gelbsucht ist ein Symptom verschiedener krankhafter Störungen, die zu einem erhöhten Gehalt an Gallenfarbstoffen im Blut führen. Hierdurch kommt es zur charakteristischen Gelbfärbung von Haut, Schleimhaut und inneren Organen. Die Gelbsucht wird zuerst an der Augenbindehaut ersichtlich und kann auch auf diese beschränkt bleiben.

Die Hauptursachen der Gelbsucht sind
- eine durch Leberschädigung verursachte Störung der Gallenfunktion,
- eine entzündliche oder durch Vergiftung hervorgerufene Schädigung der Leberzellen und
- eine Einengung der ableitenden Gallengänge.

Für die Behandlung der Gelbsucht empfiehlt Hildegard von Bingen den Diamanten. Dieser wird in Wein oder in Wasser gelegt und bleibt darin liegen, bis die Flüssigkeit ausgetrunken ist.

Weitere Mittel nach Hildegard von Bingen:
Aloepulver, Brunnenkresse, Eisenkrautwein, Pfennigkrautmischung.

Geschwüre

Als Geschwür bezeichnete man volkstümlich Hautentzündungen wie beispielsweise Furunkel. Diese können bei längerem Bestehen bis in die Bindehaut und in die Schleimhäute vordringen. Auch am Mund, in den Achselhöhlen oder am After treten sie auf.
Ursachen können örtliche Reizungen und Schädigungen (beispielsweise Magen-und Darmgeschwüre) sein, aber auch örtliche und allgemeine Infektionen (Abszesse, Syphilis, Tuberkulose) sowie Störungen des Blutkreislaufs und Nervenerkrankungen.

Aufgrund der unzureichenden hygienischen Bedingungen, die während des Mittelalters vielerorts herrschten, aber auch wegen des mangelnden Wissens um den Zusammenhang zwischen Schmutz und Krankheit, kam es sehr häufig vor, daß sich im Grunde harmlose Verletzungen infizierten und zu Vereiterungen, Geschwüren usw. führten.

Hildegard von Bingen empfiehlt zur Behandlung solcher Geschwüre:

> „Lege ein leinenes Tuch über das Geschwür, setze darauf einen Smaragd und binde darüber ein anderes Tüchlein." (*Physica*)

Dieses soll drei Tage lang wiederholt werden.

Weitere Mittel nach Hildegard von Bingen:
Beifuß, Kürbis, Quitten, Rosenblätter, Salbei, Veilchensalbe.

Gicht

Volkstümlich wird die Gicht verharmlosend auch „Zipperlein" genannt, ist aber eine überaus ernstzunehmende Krankheit. Es handelt sich dabei um eine Stoffwechselstörung, bei der es durch Anstieg des Harnsäurespiegels zu einer Ablagerung von harnsauren Salzen vor allem in den Gelenken und ihrer Umgebung sowie in inneren Organen kommen kann.

Oft hat diese Erkrankung mit den Eßgewohnheiten zu tun. Deshalb bringt in vielen Fällen schon eine Umstellung der Ernährung Linderung. Empfohlen wird der Verzicht auf Fleisch und Genußgifte (Alkohol, Nikotin, Süßigkeiten usw.), dafür ein Speisezettel, der viel Vollkorngetreide und Gemüse enthält.

Aber auch durch Kälteeinwirkung, durch traumatische Einflüsse (Operationen, Verletzungen), Überanstrengung oder Infektionskrankheiten kann es zu akuten Gichtanfällen kommen. Diese treten besonders nachts und frühmorgens auf und können Tage bis Wochen anhalten. In der Regel ist hiervon ein einzelnes Gelenk betroffen, überwiegend ein Großzehengrundgelenk, das Sprunggelenk, ein Daumengrundgelenk oder ein Kniegelenk, aber auch die Sehnenscheiden. Kennzeichnend sind starke Schmerzen und Berührungsempfindlichkeit, Entzündung mit Schwellung, Rötung und Überwärmung sowie Allgemeinreaktionen wie Fieber, Krankheitsgefühl, Herzjagen. Die chronische Gicht wird durch Gicht-Knoten gekennzeichnet, die im gelenknahen Knochen- oder Knorpelbereich auftreten und bei Verletzungen zu schlechtheilender Fistelbildung sowie zu eitriger Entzündung des umgebenden Gewebes führen können. Auch fortschreitende Gelenkschädigungen (Deformierung, Bewegungseinschränkung, Versteifung) können eintreten.
Beim akuten Anfall empfehlen sich Ruhigstellung und kühlende Umschläge.

Zur Behandlung der Gicht empfiehlt Hildegard von Bingen den Saphir. Sie schreibt:

„Ein Mensch, der so stark von der Gicht geplagt ist, daß er es weder in seinem Kopf noch in seinem Körper wegen der allzugroßen Bedrückung aushalten kann, nehme diesen Stein in seinen Mund, und die Gicht wird weichen." (*Physica*)

Auch den Jaspis kann man gegen Gicht verwenden. Dazu legt man den Stein auf die schmerzende Stelle und drückt ihn so lange darauf, bis er warm wird.

„Die Gicht wird weichen, weil die gute Wärme und die gute Kraft die unrichtig warmen und kalten Säfte heilt und beruhigt." (*Physica*)

Das gleiche Verfahren kann mit dem Chrysopras durchgeführt werden.

Auch der Rubin ist für die Gichtbehandlung geeignet. Dabei verfahre man genauso wie unter „Fieber" angegeben.

Nicht nur gegen die Gicht, sondern auch gegen einen Schlaganfall soll Hildegards „Diamantwasser" wirken. Sie schreibt dazu:

„Wer gichtkrank ist oder einen Schlaganfall hat, das heißt jene Krankheit, welche eine Hälfte des Körpers befällt, der lege einen Diamanten für einen ganzen Tag in Wein oder Wasser und trinke die darüberstehende Flüssigkeit ab. Die Gicht wird von ihm weichen, auch wenn sie so stark ist, daß seine Glieder zu zerbrechen scheinen, und auch der Schlaganfall wird abgeschwächt werden." (*Physica*)

Neben den genannten Edelsteinen ist es auch das Gold, das Hildegard zur Gichtbehandlung vorschlägt. Dieses wird in den inzwischen weithin bekannten „Goldkeksen" verbacken, die es in manchen Geschäften und Apotheken, die sich auf die Hildegard-Medizin spezialisieren, fertig zu kaufen gibt. Für alle, die das Rezept selbst ausprobieren möchten, folgen hier Hildegards Angaben:

> „Man nehme Gold und koche es, so daß nichts Schmutziges in ihm ist und nichts davon verschwinde. Dann pulverisiere man es, das heißt, man mahle es. Dann nehme man etwas Mehl in der Menge einer halben Handfläche und knete es mit Wasser. Diesem Teig gebe man etwas Goldpulver bei vom Gewicht einer kleinsten Münze. Diesen Teig esse man nüchtern am frühen Morgen." (*Physica*)

Dieses Verfahren wird am nächsten Tag wiederholt.

Natürlich ist es heute nicht mehr nötig (und wohl auch kaum möglich), Gold selbst zu schmelzen und zu mahlen. Das Goldpulver erhalten Sie ebenfalls in speziellen Läden oder Versandgeschäften. Hildegard merkt an, daß das Gold etwa zwei Monate lang im Magen verbleibt und für ein Jahr die Gicht von einem Menschen fernhalten kann. Sie empfiehlt ihre Goldplätzchen übrigens nicht nur kranken, sondern auch gesunden Menschen:

> „Wenn das ein gesunder Mensch macht, dann bleibt seine Gesundheit erhalten, und wenn er krank ist, so wird er wieder gesund." (*Physica*)

Weitere Mittel nach Hildegard von Bingen:

Farnextraktbad, Hafer-Dampfbad, Ingwer-Kekse, Kastanien-Dampfbad, Mäßigung in der Ernährung, Quitten, Salbei, Schlehdorn-Trank, Wegerichsaft, Wermutsalbe, Wermutwein.

Herzbeschwerden

Herzbeschwerden können aus den unterschiedlichsten Gründen auftreten. Sie können körperlicher, aber auch seelischer Natur sein. Gleich welcher Art – Herzbeschwerden sollten immer ernstgenommen werden. Suchen Sie deshalb unbedingt einen Arzt auf!

Einige der wesentlichsten Herzerkrankungen sind:

Herzasthma

Dieses tritt anfallsweise auf und äußert sich durch vor allem nachts auftretende Atemnot mit Husten und bräunlichem Auswurf. Ursache ist eine akute Blutstauung in der Lunge aufgrund einer linksseitigen Herzinsuffizienz. Als Sofortmaßnahme sollte man den Oberkörper hoch lagern.

Herzinfarkt

Hierbei handelt es sich um ein plötzlich auftretendes, den Herzmuskel schädigendes Mißverhältnis zwischen Sauerstoffbedarf des Herzmuskels und Sauerstoffangebot durch das Blut der zuführenden Herzkranzgefäße. Folgende Symptome können einen Herzinfarkt ankündigen:

- schwere, langandauernde Schmerzen im Brustkorb (Ausstrahlung in beide Arme, Bauch und Unterkiefer, eventuell Brennen im Brustkorb, Schmerzen im Hals und Oberbauch);
- blasse, fahle Gesichtsfarbe, kalter Schweiß auf Stirn und Oberlippe oder auch im ganzen Gesicht;
- starkes Engegefühl oder heftiger Druck im Brustkorb;
- Luftnot (flache Atmung);
- plötzlicher Kreislaufzusammenbruch (Kollaps mit oder ohne Bewußtlosigkeit).

Wenn diese Anzeichen auftreten, muß sofort gehandelt werden. Deshalb sofort den Notarzt rufen, denn für den Behandlungserfolg ist die Zeit entscheidend!

Herzmuskelschwäche

Zu dieser Erkrankung kommt es durch Verminderung der Herzleistung. Dadurch ist das Herz nicht mehr in der Lage, den Blutbedarf des Organismus voll zu decken. So kann es zu einer Leistungsminderung bei körperlicher Beanspruchung (Belastungsinsuffizienz) oder auch zu einer bereits in Ruhehaltung

auftretenden Beeinträchtigung (Ruheinsuffizienz) kommen. Bei einer akuten Herzinsuffizienz (Herzversagen) fällt der Blutdruck ab, und die Herzfrequenz steigt an. Symptome sind Blässe und kalter Schweiß. Die beginnende Herzinsuffizienz äußert sich in leichter Ermüdbarkeit und Atemnot (beispielsweise beim Treppensteigen). Zu den Hauptursachen gehören die Überlastung des Herzmuskels durch arteriellen Hochdruck, eine ungenügende Funktion der Herzkranzgefäße, Sauerstoffmangel und Herzrhythmusstörungen.
Zur Behandlung gehört eine spezielle Herz-Schondiät und die Einschränkung körperlicher Belastungen.

Hildegard von Bingen empfiehlt auch bei Herzbeschwerden den Einsatz von Edelsteinen sowie die Meditation. Verbunden mit einem Bittgebet soll z. B. der Hyazinth hilfreich sein. Dazu macht man mit dem Stein ein Kreuzzeichen über seinem Herzen und spricht die unter „Wahnvorstellungen" angegebene Formel.

Wenn ein Smaragd Herzbeschwerden auch nicht heilen kann, so vermag er sie nach Hildegards Worten doch wenigstens zu lindern. Zu diesem Zweck müsse der Smaragd allerdings auf der bloßen Haut getragen werden, damit er sich am Körper erwärmen kann.

Auch der Chrysolith braucht Körperkontakt, um seine Kräfte entfalten zu können. Außerdem sollte er vorher in Olivenöl getaucht werden. Hildegard rät weiter:

> „Dann streiche den in Öl getauchten Stein über die schmerzende Stelle, und du wirst Erleichterung haben." (*Physica*)

Bei Herzschmerzen empfiehlt Hildegard einen Onyxwein. Dazu wird ein Onyx in der Hand oder am Körper erwärmt. Währenddessen wird ein wenig Wein erwärmt. Wenn man diesen vom Herd genommen hat, hält man den Onyx über den dampfenden Wein, damit sich der austretende „Schweiß“ mit diesem vermischt. Der Stein wird dann in den noch warmen Wein gelegt, der gleich getrunken werden soll.

Auch Bergkristallwasser soll nach Hildegards Angaben Linderung bei Herzbeschwerden bringen und zudem gegen Magenschmerzen helfen:

> „Wer im Herzen, im Magen oder im Bauch Schmerzen leidet, der wärme einen Kristall an der Sonne und übergieße den so gewärmten Stein mit Wasser. Dann lege er auch den Kristall für eine kurze Stunde in dieses Wasser und nehme ihn dann heraus. Dieses Wasser trinke er oft.“ (*Physica*)

Weitere Mittel nach Hild[illegible] von Bingen:
Diptam, Edelkastanie[illegible]heltrank, Galgant, Griechenklee, Petersilie-Honig-W[illegible]rühmter „Herzwein“ Hildegards), Storchenschnabel[illegible]

Hörschwierig[illegible]

Hörschwierig[illegible]n können vor allem das soziale Leben eines Menschen s[illegible] beeinträchtigen. Deshalb sollte man sich bei derartigen [illegible]roblemen sofort an einen Facharzt wenden. Manchmal haben die Probleme einen ganz einfachen Grund, der sich l[illegible]icht beseitigen läßt: beispielsweise ein Pfropf von Ohrenschmalz, der sich im Gehörgang festgesetzt hat. Aber mitunter sind auch schwerwiegendere Probleme die Ursache, z. B. ein Hörsturz. Dabei handelt es sich um eine plötzlich auftretende, meist einseitige Hörverschlechterung, die überwiegend mittlere und hohe Frequenzen betrifft und bis zur Ertaubung führen kann. Überwiegende Ursache ist eine akute Durchblutungsstörung im Innenohr.

Wenn durch eine Krankheit Schwerhörigkeit entstanden ist, rät Hildegard von Bingen zu einer Behandlung mit dem Sarder. Dieser wird in Wein getaucht, in ein dünnes Leinentüchlein gewickelt und in das taube Ohr gesteckt. Über das Tüchlein wird noch etwas Watte gelegt, damit die Wärme des Steins ins Ohr eindringen kann. Wenn die Behandlung öfter wiederholt wird, wird der Patient laut Hildegard sein Gehör wiedererlangen.

Ähnlich kann der Jaspis verwendet werden:

> „Ein Mensch, der auf einem Ohr taub ist, halte den Jaspis an den Mund und hauche ihn mit seinem warmen Atem an, damit er davon warm und feucht wird. Sogleich stecke er ihn ins Ohr und lege dünnes Werg über den Stein. So verschließe er das Ohr, damit die Wärme des Steins ins Ohr eindringen kann.“ (*Physica*)

Auch ein Metall, nämlich das Gold, empfiehlt Hildegard gegen taube Ohren. Dazu stellt man aus gemahlenem Gold und Mehl einen Teig her wie unter „Gicht“ beschrieben. Davon wird etwas in die Ohren gedrückt. Die Behandlung sollte einige Male wiederholt werden.

Weitere Mittel nach Hildegard von Bingen:
Gundelrebenkompressen, Rebtropfen, Tausendgüldenkraut, Weihrauch.

Insektenstiche

Durch Insektenstiche gelangt Gift in den Körper, der dann verstärkt ein Gewebehormon, das Histamin, ausschüttet. Es bewirkt, daß sich Blutgefäße erweitern und Flüssigkeit in das Gewebe austreten kann. Diese sammelt sich und führt, lokal begrenzt, zu einer juckenden Schwellung. Nach einem Stich durch Wespen oder Bienen sollte man sofort versuchen, den eventuell in der Haut zurückgebliebenen Stachel zu entfernen.

Bei Menschen, die auf Insektengift allergisch reagieren, hat ein kleiner Stich mitunter größere Auswirkungen: Die Histaminausschüttung erfolgt bei ihnen nämlich nicht nur an der Stich-

oder Bißstelle, sondern im gesamten Körper. Innerhalb von Minuten – nach einem Stich im Kopf- oder Mundbereich sogar in Sekunden – schwellen die Schleimhäute an. Im Extremfall kommt es zu einem gefährlichen Kreislaufschock.

Immer gefährlicher sind heute *Zeckenbisse*, die zu schwerwiegenden Erkrankungen (z. B. Hirnhautentzündung) führen können. Einen gewissen Schutz bietet geeignete Kleidung: lange Hosen, langärmlige Blusen oder Hemden, Hals- und Kopftuch oder Hut – vor allem, wenn Sie durch Waldgelände gehen. Zecken sind Blutsauger, die sich in der Haut festbeißen. Sie werden am besten mit einer stumpfen Pinzette gegen den Urzeigersinn und ohne Zug aus der Haut gedreht. Damit der Kopf der Zecke nicht steckenbleibt, geben Sie vorher einen Tropfen Öl auf die Bißstelle. Waschen Sie Bißstelle und Hände anschließend mit Seife und warmem Wasser.

Im Mittelalter waren – teils aus Unwissenheit, teils wegen fehlender Möglichkeiten – die hygienischen Bedingungen alles andere als ideal. Deshalb gab es in Kleidung und Behausung zahlreiches Ungeziefer und entsprechend mehr Insektenstiche, die sich aufgrund mangelnder Sauberkeit leicht enzünden konnten.
Vom Amethyst glaubt Hildegard, daß bereits das Bestreichen der Wunde mit diesem Stein heilend wirken könne.

Die Behandlung mit dem Achat ist schon etwas komplizierter, dafür wird ihm aber auch nachgesagt, daß er eventuelle Gifte, die noch nicht in den Körperkreislauf des Menschen gelangt sind, herausziehen kann. Über seine Anwendung schreibt Hildegard:

> „Man wärme den Achat stark an der Sonne oder über einem erhitzten Ziegelstein. So erwärmt, lege man ihn auf die schmerzende Stelle, und dieser Stein entfernt jenes Gift. Dann erwärme man den Stein wiederum auf die gleiche

Weise und halte ihn über den Dampf von heißem Wasser, damit sein Schweiß sich mit diesem Wasser vermischt. Danach lege man ihn für eine kurze Stunde in jenes Wasser und tauche ein leinenes Tuch in das Wasser und wasche mit diesem Tuch die Körperstelle, wo der Biß der Spinne ist." (*Physica*)

Kopfschmerzen

Kopfschmerzen gehören zu den am weitesten verbreiteten Beschwerden: Jeder dritte Deutsche hat sie oft, jeder fünfte ständig. Und auch jedes zehnte Schulkind leidet inzwischen unter Kopfschmerzen.

Am schwersten haben es Menschen, die unter Migräne (einseitigem Kopfschmerz) zu leiden haben. Dabei handelt es sich übrigens in den meisten Fällen um Frauen. Männer dagegen leiden meistens unter dem sogenannten „Cluster-Kopfschmerz". Die immer einseitigen, bohrenden und fast unerträglichen Attacken hinter dem Auge oder um das Auge herum treten meistens nachts auf und dauern zwischen 30 Minuten und 2 Stunden.

Oft haben Kopfschmerzen eine psychische Ursache (Sorgen und Probleme im Beruf oder in der Familie), oft kann aber auch eine unerkannte Krankheit der Grund sein. Wichtig ist es deshalb, zunächst einmal den Hausarzt aufzusuchen, um abzuklären, ob die Beschwerden durch eine physische Ursache hervorgerufen werden. Viele Ärzte vermuten heute, daß z. B. Amalgamfüllungen solche Störfaktoren sind. Auch wenn dieser Verdacht wissenschaftlich nicht gesichert ist: Gehen Sie bei Kopfschmerzen auf jeden Fall zum Zahnarzt, und lassen Sie sich auf kranke oder tote Zähne oder vereiterte Wurzeln untersuchen. Auch der Hals-Nasen-Ohren-Arzt kann wichtig sein: Vielleicht gibt es Infektionsherde in der Stirn-, Nasenneben- oder Kieferhöhle. Möglicherweise kann auch eine nicht erkannte oder auskurierte Mittelohrentzündung der Grund für die

Kopfschmerzen sein. Manchmal kann auch der Orthopäde helfen, denn nicht selten entstehen Kopfschmerzen durch Verspannungen oder Wirbelsäulenschäden. Ist dies nicht der Fall, sollten Sie das Gespräch mit einem Psychotherapeuten suchen.

Gegen Kopfschmerzen empfiehlt Hildegard von Bingen den Smaragd. Dieser soll angehaucht und dadurch erwärmt werden, bis er sich beschlägt. Mit dem befeuchteten Stein streicht man dann über Stirn und Schläfen und nimmt den Stein danach für eine Zeitlang in den Mund.

Der Rubin wird ohne weitere Maßnahmen auf den Kopf aufgelegt:

> „Wenn jemand unter Kopfschmerzen leidet, dann lege er den Rubin für eine kurze Stunde auf seinen Scheitel, und zwar so lange, bis sich sein Fleisch dort von dem Stein erwärmt hat. Dann soll er ihn sogleich entfernen, weil die Kraft dieses Steines seinen Kopf schneller und stärker durchdringt als die kostbarste Salbe oder ein Balsam dies tun könnte.“ (*Physica*)

Der Sarder ist ebenfalls ein Stein, der gegen heftige Kopfschmerzen hilft, die im Gefolge von anderen Erkrankungen auftreten können. Hildegard schreibt dazu:

> „Wenn ein Mensch von mancherlei Krankheiten und Schwächen solche Kopfschmerzen hat, daß er davon fast wahnsinnig wird, so binde man den Sarder in einem Hut, in einem Tuch oder einem Leder über den Scheitel des Kranken und sage: ‚Wie Gott die ersten Engel in den Abgrund warf, so trenne er diesen Wahnsinn von dir, ... (hier den Namen des Kranken einsetzen), ab und gebe dir einen guten Verstand zurück‘, und er wird geheilt werden.“ (*Physica*)

Auch Flußperlen empfiehlt Hildegard zur Kopfschmerzbehandlung. Diese werden an der Sonne gewärmt, an die Schläfen gelegt und dort mit Hilfe eines Tuchs festgehalten.

Weitere Mittel nach Hildegard von Bingen:
Aloe-Galgant-Pulver, Apfelknospenöl, Birnhonig, Gewürznelken, Gundelrebe, Rebtropfen, süße Mandeln, Tannensalbe, Veilchensalbe, Wermut, Zitwer.

Kropf
Beim Kropf handelt es sich um eine Vergrößerung der Schilddrüse. Diese ist häufig auf Jodmangel in der Nahrung zurückzuführen (etwa in Gebirgsdörfern, deren Wasserquellen nicht über einen ausreichenden Jodanteil verfügen). Eine vorübergehende Schilddrüsenvergrößerung kann aber auch aufgrund des erhöhten Hormonbedarfs in den Entwicklungs- und Wechseljahren, in der Schwangerschaft und auch bei Streß auftreten.

Die Symptome des Kropfs bestehen je nach Größe in leichtem oder stärkerem Druckgefühl am Hals bis zur Einengung der Luftröhre mit verstärkten Einatmungsgeräuschen, Kurzatmigkeit und Schluckbeschwerden.

Der Bergkristall ist nach Hildegards Aussage ein wirksames Mittel gegen den Kropf. Wer darunter zu leiden hat, „wärme einen Kristall an der Sonne und übergieße den so gewärmten Stein mit Wein. Davon trinke er oft und lege auch oft den an der Sonne gewärmten Kristall an seine Kehle über die Schwellung, und sie wird sich verringern.“ (*Physica*)

Magenbeschwerden
Magenbeschwerden können viele Gründe haben. Wir alle kennen den Ausspruch, daß „uns etwas auf den Magen schlägt“ – daß also psychische Gründe für die Beschwerden verantwortlich sind. In einem solchen Fall ist es angeraten, einen Psychotherapeuten aufzusuchen, um die Ursache der Beschwerden herauszufinden.
Aber oft sind es auch körperliche Ursachen, die zu Magenbeschwerden führen können – etwa eine falsche Ernährung,

Schleimhautentzündung oder ein Geschwür. Suchen Sie bei anhaltenden Magenbeschwerden deshalb unbedingt Ihren Hausarzt auf, um die Ursache abklären zu lassen.

Ein Smaragd, auf der bloßen Haut getragen, soll nach Hildegards Angaben bei Magenschmerzen erleichternd sein.

Bei starken Magenschmerzen rät Hildegard zur Verwendung des Ligurius. Dieser wird für eine „kurze Stunde" in Wein, Bier oder Wasser gelegt, damit die Kräfte des Steines auf die Flüssigkeit übergehen können. 15 Tage lang wird dieses Verfahren wiederholt. Danach soll jeweils nach dem Essen (also nie auf nüchternen Magen!) ein wenig davon getrunken werden. Hildegard ist von der Wirkung dieser Kur so überzeugt, daß sie schreibt:

> „Kein Fieber, keine Krankheit in seinem Magen ist so stark, außer dem Tod, als daß nicht sein Magen gereinigt, gesäubert und geheilt werde, ausgenommen der Tod stehe bevor." (*Physica*)

Hildegard warnt allerdings eindringlich davor, die Ligurius-Therapie zu anderen Zwecken als zur Heilung von Magenschmerzen einzusetzen:

> „Der Mensch könnte nicht am Leben bleiben, weil die Kraft des Steins so groß ist, daß sie sein Herz angreifen und seinen Kopf spaltend zerteilen würde." (*Physica*)

Bei Magenleiden empfiehlt Hildegard auch eine Suppe, die mit dem unter „Herzbeschwerden" beschriebenen Onyxwein hergestellt wird. Die Suppe wird aus dem Wein, aus Eiern und etwas Mehl zubereitet und soll den Magen reinigen und heilen.

Ebenfalls unter „Herzbeschwerden" ist das Rezept für Hildegards Bergkristall angegeben, das auch gegen Magenbeschwerden helfen soll.

Neben den Edelsteinen sind es aber auch Metalle, die bei Magenleiden lindernd wirken können. So empfiehlt sie den Goldwein, wenn jemand „Fieber im Magen“ hat. Ihr Rezept:

> „Nimm reines Gold und bringe es in einem Topf oder einem Geschirr zum Glühen. So erhitzt gebe es in reinen Wein, damit dieser davon warm wird.“ (*Physica*)

Dieser Wein soll warm getrunken werden, und zwar so oft, bis das Leiden behoben ist. Zur Herstellung dieses Weines benötigt man einen Schmelztiegel (in Fachgeschäften erhältlich) und ein Goldstück. Dafür eignen sich z. B. Sammlermünzen, wie sie von Banken ausgegeben werden. Sobald das Gold glühend ist, wird es mit einer Zange in den Wein gegeben. Der Vorgang wird so oft wiederholt, bis der Wein warm ist.

Auch der unter „Fieber“ beschriebene Kupferwein ist zur Behandlung von „Magenfieber“ geeignet.

Neben Gold und Kupfer ist auch das Eisen hilfreich bei Magenbeschwerden, denn „es vertreibt die kalten Säfte, von denen der Magen schmerzt“. (*Physica*) Dafür braucht man ein dünnes Eisenblech (Weißblech; es sollte kein verzinktes Eisenblech verwendet werden, weil Hildegard dem Zink schädliche Wirkungen beimißt). Dieses wird am Feuer oder im Backofen erwärmt und dann auf den Magen gelegt. Diese Behandlung sollte einige Male wiederholt werden. Wichtig ist es, jedesmal die Temperatur des Bleches zu prüfen, damit es nicht zu Verbrennungen kommt.

Weitere Mittel nach Hildegard von Bingen:
Basilikum, Beifuß, Bertram, Bohnenkraut, Brennessel, Brunnenkresse, Dill, Dinkeldiät, Diptam, Ehrenpreis, Enzian, Estragon, Fasten, Galgant, Gewürznelken, Gundelrebe, Ingwer, Knoblauch, Liebstöckel, Lorbeer, Melde, Muskatnuß, Petersilie, Salbei, Ysop.

Milzleiden

Milzerkrankungen entstehen hauptsächlich durch Infektionen (Röteln, Typhus, Aids usw.), außerdem als Begleiterscheinung von Leberzirrhose und Rheuma. Das Hauptsymptom bei Milzleiden ist eine entzündliche Vergrößerung dieses Organs.

Bei Milzleiden rät Hildegard zum Onyxwein, den sie auch schon für Magen- und Herzbeschwerden empfohlen hat. Das Rezept findet sich unter „Herzbeschwerden". Darin wird das Fleisch von Ziegen- oder Schaflämmern gekocht. Die Fleischstücke werden vor dem Verzehr in den Wein getaucht.

Ein anderer Wein gegen Milzbeschwerden wird mit Hilfe des Topas hergestellt:

> „Man lege den Topas fünf Tage lang in echten ‚Morach', nehme dann den Topas heraus und lasse den Wein aufkochen, damit er dampft. Dann halte man den Topas über den Dampf, damit er schwitzt und sein Schweiß sich mit dem Wein vermischt. Man lege dann den Stein für eine kurze Stunde in den erwärmten Wein und nehme ihn dann wieder heraus. Mit diesem Wein bereite man Suppen oder Brühe ohne Fett." (*Physica*)

Leider ist nicht bekannt, um welche Weinsorte es sich bei dem erwähnten „Morach" handelt. Auf jeden Fall sollte ein naturreiner Wein verwendet werden.

Weitere Mittel nach Hildegard von Bingen:
geröstete Edelkastanien.

Nasenbluten

Nasenbluten kann durch äußere Einflüsse (Schlag oder Stoß) entstehen, aber auch organische Gründe haben. Ursachen können scharfes Schneuzen, Verletzungen, trockene Entzündungen, aber auch Polypen und Tumore der Nase oder der Nasen-

nebenhöhlen sein. Vor allem in der Pubertät können häufige Blutungen unbekannter Ursache auftreten.
Als Symptom von Allgemeinerkrankungen kommt Nasenbluten vor allem bei Bluthochdruck, Nierenschäden, akuten fiebrigen Infektionskrankheiten (z. B.Masern und Diphtherie) vor.

Gegen Nasenbluten empfiehlt Hildegard den Karneol. Ihr Rezept:

> „Wenn jemandem Blut aus der Nase fließt, dann wärme Wein, und in den gewärmten Wein lege einen Karneol. Gib den Wein jenem zu trinken, und das Blut wird aufhören zu fließen." (*Physica*)

Weitere Mittel nach Hildegard von Bingen:
Dill und Schafgarbe.

Nervosität

Nervosität ist wohl die bezeichnendste Krankheit unserer Zeit. Viele Symptome kennzeichnen sie: Schlaflosigkeit, Herzbeschwerden, Kopfschmerzen, Atembeschwerden, allgemeines Unwohlsein. Die Gründe sind in unserer hektischen Alltagsstruktur zu suchen. Familie und Beruf fordern uns nicht nur, sondern sie überfordern uns oft. Deshalb ist die wichtigste Maßnahme, einen Weg zu finden, um zur inneren Ruhe zu gelangen. Dazu bieten sich vor allem verschiedene Meditationstechniken an – Yoga, autogenes Training, Atemtraining usw.
Aber auch körperliche Beschwerden können Ursache der Nervosität sein. Deshalb sollten Sie unbedingt Ihren Hausarzt aufsuchen. Wichtig ist vor allen Dingen, daß Sie nicht versuchen, mit Tranquilizern Ihre innere Unruhe zu bekämpfen – diese Medikamente können zur Sucht führen.

Allerdings ist die Nervosität keine moderne Zeiterscheinung, denn auch Hildegard kannte schon Rezepte dagegen. So empfiehlt sie beispielsweise den Beryll, den man lediglich bei sich zu tragen braucht:

> „Wer den Beryll immer bei sich hat und oft in seiner Hand hält und ihn oft ansieht, der streitet nicht leicht mit anderen Menschen und ist nicht streitsüchtig, sondern er bleibt ruhig.“ (*Physica*)

Bei dieser Anwendung des Steines spielt offensichtlich auch das meditative Element eine große Rolle, wie dies ja sehr oft bei Hildegards Rezepten der Fall ist.

Besonders gut gegen die innere Unruhe soll auch der Smaragd sein, der immer wieder in den Mund genommen werden soll, damit der Speichel davon erwärmt wird. „Die plötzlichen Überschwemmungen dieses Gebrechens werden zweifellos weichen.“ (*Physica*)

Weitere Mittel nach Hildegard von Bingen:
Aronstabwein, Bertram, Dinkeldiät, Dinkelspelzkissen, Fenchel, Hafer, Himmelsschlüsselkompresse, Muskatnuß, Nervenkekse, Petersilien-Herzwein, süße Mandeln, Süßholzpulver, Veilchen, Weinraute, Ysop.

Nesselsucht

Bei Nesselsucht (auch Nesselausschlag genannt) handelt es sich um einen unregelmäßig begrenzten, mit stark juckenden Quaddeln einhergehenden blassen oder rötlichen Hautausschlag. Er breitet sich rasch aus und kann den ganzen Körper – auch die Schleimhäute – betreffen. Als Begleitsymptome können Fieber und Schüttelfrost auftreten.

Ursache ist oft eine Allergie, z. B. gegen Nahrungsmittel, Medikamente oder Insektengifte.

Gegen Nesselsucht rät Hildegard von Bingen zum Gebrauch des Bergkristalls: Der an der Sonne angewärmte Stein wird auf die schmerzende Stelle gelegt. Dadurch soll die Erkrankung gemildert werden.

Weitere Mittel nach Hildegard von Bingen:
Schafgarbe.

Rheuma
Rheuma wird heute als die Volkskrankheit Nummer eins bezeichnet. Sie betrifft auch immer mehr junge Menschen – jeder zweite schwererkrankte Rheumatiker ist heute weniger als 35 Jahre alt.

Unter dem Sammelbegriff „Rheuma" faßt man alle Krankheiten des Bewegungsapparats zusammen, die Schmerzen auslösen und die Beweglichkeit behindern. Dazu gehören Ziehen und Reißen in den Gelenken ebenso wie Muskelverspannungen und Sehnenentzündungen, knirschende und schmerzende Gelenke, Ischias, Hexenschuß und Kreuzweh bis hin zu den schweren, entzündlichen Formen, die zu Verkrüppelungen der Gelenke führen können. Die Medizin kennt etwa 400 Erscheinungsformen des Rheumatismus.

Medizinisch werden drei große Gruppen unterschieden:

Der entzündliche Rheumatismus
Dieser wird auch als Arthritis bezeichnet. Ursache ist neben erblichen Anlagen oft eine angeborene Bereitschaft des Immunsystems zur Fehlregulation: Das Immunsystem produziert Abwehrstoffe, die sich auch gegen den eigenen Körper richten und die Gelenkinnenhaut zerstören. Je nach Schweregrad der Erkrankung verändern sich die Gelenke immer mehr unter großen Schmerzen. Aber: Je früher diese Rheuma-Art erkannt wird, desto besser sind die Behandlungs-Chancen.

Typische Anzeichen für eine beginnende Arthritis sind: Müdigkeit, Appetitlosigkeit, Gewichtsabnahme, Depressionen, steife Hand- und Fußgelenke (besonders morgens nach dem Aufstehen), geschwollene Finger- und Handgelenke, häufiges Kribbeln und Taubheitsgefühl an Händen und Füßen, kleine rote Knötchen über den Gelenken.

Die Schulmedizin verordnet unter anderem Goldpräparate, Bewegungstherapie, Bäder, Wärmepackungen, Massagen und Kälteanwendungen.

Degenerative, abnutzungsbedingte Arthrose
Von dieser Erkrankung sind fast 80 Prozent aller 60jährigen Menschen betroffen. Der Verschleiß beginnt allerdings schon im dritten Lebensjahrzehnt und taucht immer häufiger auch schon bei Zwanzigjährigen auf. Der Grund ist die einseitige Belastung bestimmter Gelenke, etwa bei monotonen Bewegungen am Arbeitsplatz (Fließband-, Schreibmaschinen- oder Computerarbeit).

Ursachen können sein: eine angeborene Knorpelstoffwechselstörung (vor allem bei der Fingerpolyarthrose), eine chronische Überanspruchung des Gelenks und die natürliche Alterung des Knorpels. Daneben können aber auch angeborene Fehlstellungen der Gelenke zu einer Arthrose führen: eine Hüftdysplasie (wie sie schon im Säuglingsalter auftritt), X- oder O-Beine, asymmetrische Hüftstellungen.

Eine Arthrose läßt sich kaum rückgängig machen. Aber es ist möglich, die Beweglichkeit der Gelenke wiederherzustellen oder zu erhalten. Vor allem ist es wichtig, Fehlhaltungen und Fehlbelastungen möglichst zu vermeiden. Dabei helfen Schuheinlagen, Beinlängenausgleiche, richtige Bürostühle, richtiges Tragen und Heben (Rücken gerade, Knie gebeugt!), das Schlafen auf mittelharten Matratzen.

Wichtig ist, daß ein arthrotisches Gelenk nicht zu stark belastet wird – etwa durch lange Wanderungen oder durch intensives Sporttraining. Andererseits beschleunigt auch Ruhestellung den Verschleißprozeß. Schwimmen und Radfahren sind gute Methoden, die bei Arthrose zu Erleichterung führen.

Weichteilrheuma
Die häufigste Form des Rheumas spielt sich außerhalb der Gelenke ab – in den Bändern und Sehnen, Sehnenscheiden und Schleimbeuteln, Nerven oder im Unterhautbindegewebe. Ursachen können mechanische Überbeanspruchung der Muskeln und Sehnen, Zugluft, Kälte, Nässe, zu schweres Heben und plötzliche ruckartige Bewegungen sein. Ähnlich wie bei der Arthrose kommen als Auslöser für den Weichteilrheumatismus auch Alterungsprozesse bzw. Abnutzung in Frage. Darüber hinaus gibt es nervliche und psychische Faktoren, die die Beschwerden hervorrufen können: Wetterfühligkeit, Streß und nervliche Belastungen, hormonelle, stoffwechselbedingte und entzündliche Vorgänge.

Bei allen chronischen Fehl- und Überbelastungen brauchen die Sehnen und Muskeln Ruhe und Schonung. Wichtig sind auch Wärme, Krankengymnastik und Massagen.
Bei Hildegard von Bingen kommt der Begriff Rheuma nicht vor. Viele rheumatische Symptome sind bei ihr jedoch unter dem Thema „Gicht“ zusammengefaßt worden. Deshalb bitte dort nachschlagen!

Weitere Mittel nach Hildegard von Bingen:
Dinkel-Diät, Edelkastanie, „Goldwein“, Quitte, Weinraute, Wermutsalbe.

Schlafschwierigkeiten
Aus den verschiedensten Gründen kann es zu Problemen beim Einschlafen und Durchschlafen kommen. Manchmal ist nur ein

zu reichliches Essen der Grund, manchmal eine Krankheit oder Schmerzen. Oft können auch äußere Ursachen den Schlaf stören, etwa Lärm oder eine falsche Temperierung des Schlafraums. Sehr häufig sind es jedoch seelische Gründe, die den Menschen bis in seinen Schlaf verfolgen – ein persönlicher Kummer, Probleme in Beruf oder Familie, Ängste vor Prüfungen oder anderen Bewährungen usw. Da ein gesunder und ausreichender Schlaf für den Menschen sehr wichtig ist, um seine seelischen und körperlichen Kräfte zu regenerieren, sollten solche Schlafstörungen nicht auf die leichte Schulter genommen werden. Ebenso wichtig ist aber auch, daß in solchen Fällen keine starken Schlafmittel genommen werden, da diese lediglich einen „künstlichen“ Schlaf bringen, dem die Erholungswirkung des natürlichen Schlafes fehlt. Außerdem bergen viele dieser Mittel eine starke Suchtgefahr in sich.

Der erste Schritt zur Behebung von Schlafstörungen ist eine gründliche ärztliche Untersuchung.
Gerade schwangere Frauen leiden oft unter Schlafstörungen. Der Grund: Der Stoffwechsel des heranwachsenden Kindes läuft auch nachts auf Hochtouren. Deshalb ist es wichtig, eine bequeme Schlafstellung einzunehmen – möglichst in einem großen Bett.
Auch ältere Menschen leiden oft unter Schlafstörungen. Sie sollten aber bedenken, daß das Schlafbedürfnis ab dem fünfzigsten Lebensjahr nur noch etwa sechs Stunden beträgt.

Zu den Schlafstörungen gehören auch Alpträume. Gegen diese empfiehlt Hildegard den Jaspis:

> „Wenn Blitze und Donner im Schlaf erscheinen, dann ist es gut, wenn der Mensch einen Jaspis bei sich hat, weil Phantasien und Trugbilder ihn dann meiden und verlassen.“ (*Physica*)

Auch der Mond – vor allem der zunehmende und der volle Mond – können zu Schlafstörungen bis hin zur Mondsüchtigkeit führen. In den meisten Fällen kann man die Zeiten dieser Schlafstörungen anhand des Kalenders voraussehen und Hildegards Achat-Therapie ausprobieren. Nach dieser soll man drei Tage vor dieser Zeit einen Achat in Wasser legen und ihn am vierten Tag herausnehmen. Dann wird das Wasser ein wenig erwärmt, und alle Speisen, die der Betreffende während dieser Zeit zu sich nimmt, werden mit diesem Achatwasser zubereitet. Außerdem sollte er auch in alle seine Getränke einen Achat legen. Diese Kur soll fünf Monate lang durchgeführt werden.

> „So werden durch die Kraft dieser Mischungen und in der Kraft Gottes diese Säfte, die ihm diese Krankheit brachten, beruhigt." (*Physica*)

Weitere Mittel nach Hildegard von Bingen:
Dinkelspelzkissen, Herzwein.

Schlaganfall

Ein Schlaganfall entsteht immer dann, wenn ein Gehirnteil „schlagartig" ausgeschaltet wird. Das kann durch einen Bluterguß geschehen, wenn eine Ader im Gehirn platzt. Weitaus häufiger jedoch verschließt eine Embolie oder eine Thrombose eine Gehirnarterie. Dann bekommt der betroffene Gehirnteil kein Blut mehr und stirbt ab. Je nachdem, an welcher Stelle der Verschluß ist, kommt es zu Lähmungen der dem Verschluß gegenüberliegenden Körperhälfte. Bei Rechtshändern können zudem Sprachstörungen auftreten, wenn das Sprachzentrum betroffen ist, das auf der linken Gehirnhälfte liegt.

Wichtig zur Behandlung sind durchblutungssteigernde Maßnahmen, vor allem Wechselbäder und Massagen.

Zur Behandlung des Schlaganfalls empfiehlt Hildegard das Trinken von Wein oder Wasser, in dem ein Diamant gelegen hat. Nähere Angaben dazu finden Sie unter „Gicht".

Weitere Mittel nach Hildegard von Bingen:
Schlehenaschenelixier.

Schnupfen

Es gibt ein Sprichwort, das besagt: „Wenn der Arzt den Schnupfen behandelt, dauert er eine Woche. Ohne Arzt ist man in sieben Tagen damit ‚durch'." Schnupfen kann entstehen, wenn man nicht warm genug angezogen ist, aber auch, wenn man sich durch Viren infiziert. Diese winzigen „Rhinoviren" sind in der naßkalten Jahreszeit allgegenwärtig, besonders in größeren Menschenansammlungen (im Bus, in der Schule, aber nicht zuletzt auch im Wartezimmer einer Arztpraxis). Sie können aber nur die Menschen befallen, deren Abwehrkräfte geschwächt sind.

Gefährlich ist nicht so sehr eine allgemeine Unterkühlung des ganzen Körpers (z. B. langes Stehen bei einem Fußballspiel oder Open-Air-Konzert). Viel gefährlicher ist das Auskühlen der oberen oder unteren Körperbereiche, das zum „Kältezittern" führt. Damit sorgt der Körper für eine ständige, unwillkürliche Bewegung, bleibt bis zu den Zehenspitzen durchblutet und hält sich auf diese Weise Krankheitserreger vom Leibe – allerdings nur für eine Zeitlang.

Feuchtkalte oder nasse Füße dagegen entziehen dem Körper nach und nach Wärme, ohne daß man das zunächst merkt. Dieser ständige Kältereiz wird an das vegetative Nervensystem weitergeleitet, das als erstes die empfindliche Nasenschleimhaut veranlaßt, sich zusammenzuziehen. Dadurch kommt es zu Durchblutungsstörungen: Die Nase wird spürbar kalt, weil die

Schleimhaut Blut aus den Gefäßen der Außenhaut abzieht, damit die Sauerstoffversorgung der Schleimhautzellen wieder besser funktioniert.

Manchmal kommt dieser Selbstschutz der Nase aber zu spät. Und wenn man jetzt nicht schnell für Überwärmung sorgt – etwa durch ein heißes Arm- oder Fußbad –, gelangen die Schnupfenviren in die Nasenschleimhaut – und schon hat man einen unangenehmen Schnupfen.

Mit dem fast lautmalerischen Wort „nasebosz“ bezeichnet Hildegard in ihrem Buch den hartnäckigen Stockschnupfen. Gegen ihn empfiehlt sie den Jaspis:

> „Wer einen Stockschnupfen hat, der halte den Jaspis an den Mund und hauche ihn mit seinem warmen Atem an, damit er warm und feucht werde, und stecke ihn sodann in die Nasenlöcher, die er mit der Hand von unten zuhält, damit die Wärme des Steins in den Kopf eindringt. Die Säfte des Kopfes werden um so schneller und milder gelöst, und der Kranke wird sich besser befinden.“ (*Physica*)

Schwächezustände

Solche Zustände treten mitunter nach schweren geistigen, seelischen oder körperlichen Anstrengungen auf. Auch überstandene Krankheiten können Schwächezustände verursachen. Wenn Sie an hochgradigen Ermüdungserscheinungen, körperlicher und geistiger Schwäche leiden oder auch emotional nicht „gut drauf“ sind, sollten Sie unbedingt Ihren Hausarzt konsultieren.

Um Rückfälle zu vermeiden und den Allgemeinzustand zu kräftigen, rät Hildegard dazu, einen Sardonyx am Finger zu tragen.

Den Chalzedon dagegen sollte man möglichst am Arm oder um den Hals tragen, weil er sich, um seine Kraft zu entfalten, über einer Ader befinden muß:

> „Wenn dieser Stein von einem Menschen getragen wird, soll er ihn so tragen, daß er seine Haut berührt und auch über einer Ader zu liegen kommt. Die Adern und das Blut, welche die Wärme und die Kraft des Steines aufnehmen, leiten diese Kräfte an die übrigen Adern und an das übrige Blut weiter. Und so wendet dieser Stein Schwächezustände vom Menschen ab.“ (*Physica*)

Übrigens soll der Chalzedon nebenbei auch noch gegen Jähzorn wirken.

Sexualtrieb, übersteigerter

Während in den letzten Jahren eher Probleme mit einem mangelnden Sexualtrieb entstehen – was mit den hohen Leistungsanforderungen im Beruf, aber auch mit dem sich verändernden Frauenbild in unserer Gesellschaft zu tun haben mag –, hatte der mittelalterliche Mensch offensichtlich das entgegengesetzte Problem. Er suchte nach Wegen, seinen Sexualtrieb zu zügeln. Sicherlich spielte die Religion dabei eine große Rolle, aber auch ganz praktische Erwägungen waren von Bedeutung. Zum einen konnte eine Frau während der letzten Monate ihrer Schwangerschaft kaum schwere Feldarbeit usw. leisten, zum anderen wurde sie durch zu zahlreiche Geburten unnötig geschwächt. Es ist klar, daß nach Mitteln und Wegen gesucht wurde, das „fleischliche Begehren“ möglichst einzudämmen. Einer dieser Wege war die Verwendung von Edelsteinen. Es ist allerdings fraglich, ob gerade die armen Leute sich diese kostspielige Therapie leisten konnten.

Hildegard von Bingen empfiehlt in solchen Fällen den Sardonyx. Sie schreibt über dessen Anwendung:

> „Wenn ein Mann oder eine Frau von ihrer Natur aus in fleischlicher Begierde stark entbrennt, dann soll er den Sar-

donyx an seine Lenden legen, die Frau aber auf ihren Nabel. So werden sie ein Mittel für ihre Begehrlichkeit haben." (*Physica*)

Speichelfluß, übermäßiger

Verschleimungen und übermäßiger Speichelfluß enstehen häufig bei Erkältungskrankheiten. Gesichtsdampfbäder und heiße Fußbäder können hier von großer Hilfe sein.
Bei übermäßigem Speichelfluß und Verschleimungen kann der Smaragd helfen. Für dieses Rezept wird zunächst ein Naturwein erwärmt. Darauf spannt man ein leinenes Tuch über ein Gefäß, legt einen Smaragd auf das Tuch und gießt den Wein über den Stein. Dieser Vorgang muß des öfteren wiederholt werden. Dann wird aus dem Wein und Bohnenmehl eine Suppe oder ein Brei zubereitet. Dazu wird der restliche Wein getrunken. Dieses Verfahren – so Hildegard – „reinigt das Gehirn und mindert den Schleim und den Speichel". (*Physica*)

Weitere Mittel nach Hildegard von Bingen:
Akeleihonig, Quitte, Zitwer.

Trunksucht

Alkoholismus kann viele Ursachen haben, z. B. eine unbefriedigende Familien- oder berufliche Situation. Manchmal ist Alkoholismus auch erblich. Es ist wichtig zu wissen, daß es sich dabei um eine wirkliche Krankheit und nicht lediglich um eine Charakterschwäche handelt, die ein Mensch nur mit seinem Willen allein bekämpfen kann. Ein Alkoholiker sollte unbedingt einen Arzt aufsuchen. Ein erfahrener Psychotherapeut wird ihm die für ihn geeigneten Therapiegruppen nennen oder ihn in eine Suchtklinik überweisen.

Hildegards Hinweis auf den Diamanten kann hier lediglich eine zusätzliche Hilfestellung sein. Übrigens kann das folgende Rezept auch bei einer Fastenkur oder bei der Raucherentwöhnung nützlich sein, denn Hildegard spezifiziert das Wort „nüchtern" nicht, beschränkt es also nicht auf den Alkoholgenuß:

> „Wem das Nüchternsein schwerfällt, der nehme einen Diamanten in seinen Mund. Dieser vermindert das Verlangen nach Nahrung, so daß er länger nüchtern sein kann." (*Physica*)

Weitere Mittel nach Hildegard von Bingen:
Quendel

Verletzungen
Durch Schlag, Stoß oder sonstige äußere Einwirkungen kann es leicht zu Verletzungen – etwa zu Prellungen, Blutergüssen und schmerzhaften blauen Flecken – kommen.

Hier rät Hildegard zu einer kombinierten Edelstein-Kräuter-Behandlung, bei der der Prasem eine wichtige Rolle spielt:

> „Man nehme altes Fett und mische Salbei und Rainfarn im gleichen Gewicht dazu und drücke einen Prasem hinein. Und dann wärme man dies an der Sonne oder am Feuer. Dann lege man alles mit diesem Stein vermischt auf die schmerzende Stelle." (*Physica*)

Eine Art Erste-Hilfe-Maßnahme (z. B. auf Reisen oder Wanderungen) kann man bei Schwellungen, die aufgrund von Verstauchungen oder Zerrungen auftreten, mit dem Amethyst durchführen. Der Stein wird befeuchtet und sachte über die Schwellung gestrichen.

Weitere Mittel nach Hildegard von Bingen:
Schafgarbe.

Wahnvorstellungen
Zahlreiche schwerwiegende psychische Erkrankungen – z. B. die Schizophrenie – werden von Wahnvorstellungen begleitet.

Diese quälen nicht nur den Kranken selbst, sondern können auch für seine Umwelt zu einer schweren Belastung werden. Ein solcher Mensch sollte sich unbedingt in fachärztliche Behandlung begeben.

Für Hildegard kamen Wahnvorstellungen aller Art durch Teufelswerk zustande. Es galt deshalb, dem Teufel stärkere Kräfte entgegenzusetzen und ihn mit christlichen Formeln zu beschwören, von dem Kranken abzulassen. Dazu schien ihr der Hyazinth am geeignetsten. Für das von ihr empfohlene Ritual wurde in die oberste Kruste eines noch warmen Roggenbrotes die Form eines Kreuzes eingeschnitten. Dann zog man den Hyazinth durch den Schnitt nach unten und sprach dabei:

> „Gott, der alle Kostbarkeit der Steine vom Teufel wegnahm, als er sein Gebot übertrat, nehme von dir, ... (hier wird der Name des Kranken eingesetzt), alle Trugbilder und alle magischen Worte weg und löse von dir den Schmerz dieses Wahnsinns.“ (*Physica*)

Dann zog man den Hyazinth quer durch den anderen Schnitt und sprach:

> „Wie der Glanz, den der Teufel in sich hatte, wegen seiner Übertretung von ihm genommen wurde, so soll auch dieser Wahnsinn, der den ... (hier wird wieder der Name des Kranken eingesetzt) durch verschiedene Trugbilder und durch verschiedene Magie plagt, von dir weggenommen werden und von dir abfallen.“ (*Physica*)

Der Teil des Brotes, der um den kreuzförmigen Einschnitt herum liegt, wurde dem Kranken zu essen gegeben.
Der Hyazinth wurde außerdem kreuzförmig durch alle warmen Speisen gezogen, die man dem Kranken zu essen gab. Diese wurden ebenfalls mit den obigen Spruchformeln gesegnet.

Auch der Saphir wird von Hildegard empfohlen, wenn jemand „besessen“, also psychisch erkrankt ist. Zur Behandlung wird der Saphir in Wachs gelegt. Dieses Wachs, dem der Saphir seine Kraft mitgeteilt hat, wird in einen Lederbeutel gefüllt und dem Kranken um den Hals gehängt. Dazu wird die folgende Spruchformel gesagt:

> „O du schändlicher Geist, weiche schnell von diesem Menschen, so wie bei deinem ersten Fall die Herrlichkeit deines Glanzes sehr schnell von dir abfiel." (*Physica*)

Dieses Verfahren soll laut Hildegard sehr wirksam sein – es sei denn, es handelt sich um einen sehr starken und bösen Geist.

Auch bei der Verwendung des Magnetits ist eine Beschwörungsformel Bestandteil der Behandlung. Zunächst wird der Stein mit dem Speichel des Kranken bestrichen. Darauf streicht man ihm mit dem befeuchteten Stein über Scheitel und Stirn und spricht dabei:

> „Du rasendes Übel, weiche aufgrund jener Kraft, durch die die Kraft des vom Himmel stürzenden Teufels sich in die Güte des Menschen verwandelte." (*Physica*)

Hildegard begründet die Wirksamkeit dieses Verfahrens damit, daß der Magnetit durch die warme Feuchtigkeit des Speichels „aufgeweckt" wird und so die schädlichen Säfte vertreibt, die den Verstand des Menschen zerstören.

Hildegard von Bingen – Kurzbiographie

1098 Hildegard wird als zehntes Kind einer in Bermersheim (bei Alzey) ansässigen Adelsfamilie geboren.

1106 Schon als Kind wird sie einer Klausnerin zur Erziehung übergeben. Bereits zu dieser Zeit hat sie ihre ersten Visionen.

1136 Hildegard, inzwischen Benediktiner-Nonne, wird Äbtissin.

1141 Sie beginnt unter dem Eindruck einer großen Vision mit der Niederschrift eines ihrer Hauptwerke, *Scivias* (Wisse die Wege), in dem sie eine eigene Anthropologie und Theologie entwickelt.

1150 Hildegard gründet das Kloster Rupertsberg bei Bingen.

1151 Sie beginnt die Abfassung der großen naturwissenschaftlichen Schrift *Physica* und der Heilkunde *Causae et curae.*

1158/1161 Während dieser Zeit ist Hildegard viel auf Reisen, um öffentlich zu predigen.

1179 Hildegard stirbt in dem von ihr gegründeten Kloster Rupertsberg.

Register